# MÉTODO PPM

PROMOÇÃO DO POTENCIAL MÁXIMO

CB034362

Editora Appris Ltda.
1.ª Edição - Copyright© 2024 da autora
Direitos de Edição Reservados à Editora Appris Ltda.

Nenhuma parte desta obra poderá ser utilizada indevidamente, sem estar de acordo com a Lei nº 9.610/98. Se incorreções forem encontradas, serão de exclusiva responsabilidade de seus organizadores. Foi realizado o Depósito Legal na Fundação Biblioteca Nacional, de acordo com as Leis nos 10.994, de 14/12/2004, e 12.192, de 14/01/2010.

Catalogação na Fonte
Elaborado por: Dayanne Leal Souza
Bibliotecária CRB 9/2162

| | |
|---|---|
| T768m 2024 | Trajano, Wanderléa<br>Método PPM: promoção do potencial máximo / Wanderléa Trajano. –<br>1. ed. – Curitiba: Appris, 2024.<br>136 p. : il. ; 21 cm.<br><br>Inclui referências.<br>ISBN 978-65-250-6927-2<br><br>1. Desenvolvimento. 2. Liderança de valor. 3. Excelência. I. Trajano, Wanderléa.<br>II. Título.<br><br>CDD – 303.34 |

*Appris editora*

Editora e Livraria Appris Ltda.
Av. Manoel Ribas, 2265 – Mercês
Curitiba/PR – CEP: 80810-002
Tel. (41) 3156-4731
www.editoraappris.com.br

Printed in Brazil
Impresso no Brasil

Wanderléa Trajano

# MÉTODO PPM
PROMOÇÃO DO POTENCIAL MÁXIMO

Curitiba, PR
2024

## FICHA TÉCNICA

| | |
|---|---|
| EDITORIAL | Augusto V. de A. Coelho |
| | Sara C. de Andrade Coelho |
| COMITÊ EDITORIAL | Marli Caetano |
| | Andréa Barbosa Gouveia (UFPR) |
| | Edmeire C. Pereira (UFPR) |
| | Iraneide da Silva (UFC) |
| | Jacques de Lima Ferreira (UP) |
| SUPERVISORA EDITORIAL | Renata C. Lopes |
| PRODUÇÃO EDITORIAL | Bruna Holmen |
| REVISÃO | Ana Lúcia Wehr |
| DIAGRAMAÇÃO | Amélia Lopes |
| CAPA | Mateus Porfírio |
| REVISÃO DE PROVA | Sabrina Costa |

*Aos líderes de valor, presentes e futuros, que se comprometem a transformar suas jornadas em trajetórias de sucesso e inspiração. Que este livro sirva como um guia e fonte constante de motivação para alcançar o máximo potencial, promovendo um ambiente de trabalho colaborativo e inovador.*

*Aos meus mentores, liderados, colegas e todos que me inspiraram e apoiaram ao longo da minha carreira. Vocês provam que, com resiliência e compromisso, podemos transformar sonhos em realidade.*

*E, especialmente, dedico este livro à minha família, que sempre acreditou em mim e me deu a força necessária para seguir em frente. Que este legado de liderança de valor continue a inspirar e transformar vidas.*

# APRESENTAÇÃO

Prezados colegas,

Hoje quero compartilhar com todos vocês algo que consideramos fundamental em nossa jornada como líderes de valor: o Método PPM, ou Promoção do Potencial Máximo. À medida que navegamos por este mar de mudanças constantes, compreendemos a necessidade de crescimento contínuo e a importância de liderança com base em valores sólidos.

Identificamos que o maior desafio que muitas vezes impede as pessoas de alcançarem uma liderança de valor é a falta de autoconhecimento. Essa lacuna pode resultar na ausência de clareza em relação aos aspectos cruciais da liderança de valor, tornando-nos líderes que conquistam menos e inspiram menos os outros.

Para superar esse desafio, um líder deve adotar o "Método PPM", que representa a Promoção do Potencial Máximo, como uma jornada inspirada na autodescoberta e no crescimento constante. Esse método incorpora os princípios de liderança de valor, incentivando líderes e equipes a cultivarem uma cultura de liderança focada em valores sólidos, na superação de desafios e no alcance do potencial máximo. Essa abordagem ajuda a combater o problema especificado, permitindo que os líderes cresçam e inspirem com mais eficácia.

Conforme integramos o Método PPM em nossa liderança, estamos promovendo não apenas nosso próprio potencial máximo, mas também o potencial máximo de nossa equipe e organização. Imagine um mundo em que líderes de valor inspirem uma cultura de crescimento contínuo, inovação e sucesso duradouro. Este é o mundo que estamos construindo juntos, uma jornada de valores que nunca termina, porque o verdadeiro líder compreende que o crescimento é eterno.

Vamos embarcar nesta jornada de crescimento e inspiração, tornando-nos líderes de valor profissional.

*Wanderléa Trajano*

# SUMÁRIO

**CAPÍTULO 1**
INTRODUÇÃO AO MÉTODO PPM ..................................... 13

**CAPÍTULO 2**
AUTOCONHECIMENTO ..................................... 19

**CAPÍTULO 3**
VALORES PESSOAIS ..................................... 25

**CAPÍTULO 4**
DESAFIOS E OBJETIVOS ..................................... 45

**CAPÍTULO 5**
APRENDIZADO CONTÍNUO ..................................... 55

**CAPÍTULO 6**
*FEEDBACK* E AUTOAVALIAÇÃO ..................................... 67

**CAPÍTULO 7**
COMPARTILHAR CONHECIMENTO ..................................... 83

**CAPÍTULO 8**
RESILIÊNCIA E PERSISTÊNCIA ..................................... 93

**CAPÍTULO 9**
CELEBRAR CONQUISTAS ..................................... 101

**CAPÍTULO 10**
MODELAR COMPORTAMENTO POSITIVO ..................................... 111

## CAPÍTULO 11
## MENTALIDADE EMPREENDEDORA –
## CULTIVAR A CRIATIVIDADE.................................................................119

## PARECER FINAL............................................................................................133

**MÉTODO PPM – Promoção de Potencial Máximo:** este método incorpora os princípios de liderança de valor, incentivando líderes e equipes a cultivarem uma cultura de liderança focada em valores, superação de desafios e alcance do potencial máximo.

"Acentue o que você tem como líder e amplie-se para superar os seus obstáculos, sendo um líder de valor, na sua organização."

Wanderléa Trajano

## Capítulo 1

# INTRODUÇÃO AO MÉTODO PPM

Conheça o **Método PPM**, que significa **Promoção do Potencial Máximo**, como uma jornada inspiradora de autodescoberta e crescimento contínuo. É um compromisso profundo de se tornar a melhor versão de si mesmo como líder de valor, enquanto se torna uma fonte de inspiração para sua equipe.

Este livro aborda todos os elementos desta jornada de liderança em uma filosofia coesa e poderosa. Ele serve como um lembrete de que, como líderes de valor, nosso objetivo vai além do sucesso pessoal; também aspiramos ao sucesso de todos ao nosso redor. Portanto, exploraremos como o **Método PPM** se tornará a espinha dorsal de nossa jornada de liderança, revelando como ele nos capacitará a crescer e influenciar de maneira significativa nossa equipe e organização.

Imagine um mundo em que líderes de valor inspirem uma cultura de crescimento contínuo, inovação e sucesso duradouro. Este é o mundo que estamos construindo juntos, líderes e liderados, uma jornada que nunca termina, porque o verdadeiro líder compreende que o crescimento é eterno.

O *Método PPM – Promoção do Potencial Máximo* é uma jornada que todo líder de valor deve empreender, dividida em 10 etapas. Ao se lançar nesta jornada de crescimento e inspiração, você se transformará em um líder de valor altamente qualificado e dedicado ao seu desenvolvimento profissional.

Quando lhe faltar motivação, tenha disciplina. Para isso, é fundamental planejar cada passo da jornada. A disciplina é o motor que nos impulsiona do ponto A ao ponto B, garantindo que, mesmo nos momentos de desânimo, continuemos firmes em nossa trajetória de liderança de valor.

Em essência, o **Método PPM** oferece um guia completo e profundo para líderes de valor que desejam não apenas alcançar seus objetivos, mas também inspirar e capacitar suas equipes a atingirem novos patamares de sucesso e realização. Junte-se a nós nesta jornada transformadora e descubra o verdadeiro poder de ser um **líder de valor.**

## O Método PPM: Uma Jornada de Autodescoberta e Crescimento Constante para Líderes de Valor

Aqui está um resumo conciso de cada etapa do Método PPM:

- **Primeira Etapa: Autoconhecimento**

Explorar a importância do autoconhecimento na definição do propósito e da influência de um líder.

- **Segunda Etapa: Valores Pessoais**

Abordar a definição e o compromisso com valores pessoais como base para a liderança.

- **Terceira Etapa: Desafios e Objetivos**

Discutir como os desafios são oportunidades de crescimento e a importância de definir metas claras.

- Quarta Etapa: Aprendizado Contínuo

Enfatizar a importância da aprendizagem constante para aprimorar as habilidades de liderança.

- Quinta Etapa: *Feedback* e Autoavaliação

Explorar como o *feedback*, tanto de terceiros quanto de autoavaliação, é crucial para o desenvolvimento.

- Sexta Etapa: Compartilhar Conhecimento

Destacar o valor do compartilhamento de conhecimento e experiência para inspirar outros.

- Sétima Etapa: Resiliência e Persistência

Abordar como a resiliência e a persistência são essenciais para superar obstáculos na liderança.

- Oitava Etapa: Celebrar Conquistas

Explorar a importância de comemorar marcos e vitórias.

- Nona Etapa: Modelar Comportamento Positivo

Discutir a importância de ser um modelo de liderança por meio do comportamento e das atitudes.

- Décima Etapa: Mentalidade Empreendedora – Cultivar a Criatividade

Abordar como a mentalidade empreendedora envolve assumir riscos calculados e buscar oportunidades de crescimento por meio da criatividade.

## O Método PPM: Jornada de Crescimento e Autodescoberta para Líderes de Valor

O *Método PPM – Promoção do Potencial Máximo* oferece a estrutura e a orientação necessárias para que todo líder de valor trilhe uma jornada de crescimento e autodescoberta. Dividido em 10 etapas fundamentais, este método vai além de uma simples estratégia; é um compromisso profundo com a evolução constante e a busca pela excelência na liderança.

Ao adotar o **Método PPM**, você se compromete a se tornar a melhor versão de si mesmo como líder, garantindo que seu desenvolvimento pessoal esteja intrinsecamente ligado ao sucesso de sua equipe e organização. Esta jornada o capacitará a liderar com clareza, precisão e inspiração.

A jornada do líder de valor nunca termina, pois o crescimento é contínuo. Por meio do **Método PPM**, você se transformará em um líder altamente atualizado e dedicado, capaz de enfrentar os desafios de liderança com confiança e determinação. Que esta jornada inspire a excelência em você e em todos ao seu redor, criando um impacto positivo no mundo da liderança.

Aqui começa nossa jornada! Você está pronto para embarcar nela? Vamos explorar agora cada um dos capítulos que compõem esta extensa jornada de liderança, abordando diversos aspectos fundamentais para se tornar um líder de valor. Cada capítulo apresenta *insights* importantes e estratégias que contribuem para o seu crescimento pessoal e profissional no mundo da liderança. Vamos lá!

## Objetivo do Método PPM

O principal objetivo do **Método PPM** é fornecer aos líderes de valor as ferramentas e estratégias necessárias para maximizar seu potencial, promover o crescimento contínuo e criar um impacto positivo duradouro em suas equipes e organizações. Ao seguir as etapas deste método, os líderes podem desenvolver uma liderança

MÉTODO PPM

mais eficaz, autêntica e inspiradora, capaz de enfrentar os desafios do mundo moderno com confiança e competência.

Este é o seu guia para uma liderança de valor, onde o crescimento pessoal e o sucesso organizacional caminham lado a lado. Acompanhe-nos nesta jornada transformadora e descubra como você pode alcançar seu potencial máximo como líder de valor.

"Toda jornada de liderança de valor começa pelo autoconhecimento. Imagine-se olhando para um espelho que reflete mais do que apenas sua imagem física; ele revela suas forças, fraquezas, medos e ambições. É como traçar um mapa da sua própria identidade como líder de valor. Saber quem somos nos ajuda a definir nosso propósito e a maneira como influenciamos nossa equipe e organização."

Wanderléa Trajano

Capítulo 2

# AUTOCONHECIMENTO

Tudo começa com o autoconhecimento. Imagine-se olhando profundamente para dentro de si mesmo, explorando suas próprias forças e fraquezas. É como traçar um mapa de sua própria identidade como líder de valor. Saber quem somos nos ajuda a definir nosso propósito e a maneira como influenciamos nossa equipe e organização.

**No início da jornada do Método PPM, deparamos com a etapa fundamental e transformadora do "autoconhecimento".**

Imagine-se em um lugar tranquilo, onde você pode dedicar um tempo precioso para olhar profundamente dentro de si mesmo. É como se você estivesse desvendando os segredos de um mapa interno, explorando minuciosamente cada traço de sua personalidade, suas forças e fraquezas.

Neste capítulo, aprenderemos que essa exploração é o alicerce de nossa identidade como líderes.

À medida que mergulharmos mais fundo em nossa própria essência, começaremos a entender o que nos impulsiona, quais são nossos valores essenciais e o que verdadeiramente nos motiva. Imagine esse processo como a criação de um roteiro detalhado de quem você é como líder. Conhecer a si mesmo é o primeiro passo para moldar nosso propósito e entender a influência que podemos ter sobre nossa equipe e organização.

O autoconhecimento é como uma lanterna que ilumina as partes mais obscuras de nossa psique, revelando nossos medos, sonhos e aspirações mais profundos. À medida que exploramos essas camadas, encontramos a clareza sobre como podemos ser líderes mais autênticos e eficazes.

Neste capítulo, mergulharemos nas ferramentas e técnicas para desvendar nosso próprio potencial, aproveitando o autoconhecimento para impulsionar nossa jornada de liderança. Prepare-se para uma jornada de autodescoberta que não apenas definirá quem você é como líder, mas também como moldará seu impacto e sua influência no mundo ao seu redor.

Para identificar suas habilidades, talentos e áreas de melhoria no processo de autoconhecimento, um líder de valor pode adotar várias estratégias e métodos. Uma abordagem comum é a avaliação de competências. Realizar uma avaliação formal, disponível por meio de recursos de desenvolvimento profissional ou consultorias de liderança, pode ajudar a identificar habilidades e competências específicas. No entanto, é essencial refletir sobre como essas competências se traduzem no ambiente de trabalho e como podem ser aprimoradas para alcançar os objetivos desejados.

Outra estratégia valiosa é buscar *feedback* de pares e superiores. Coletar *feedback* de colegas, superiores e membros da equipe oferece perspectivas valiosas sobre as habilidades do líder e áreas que precisam de melhoria. Essa prática não apenas promove o desenvolvimento pessoal, mas também fortalece os relacionamentos interpessoais dentro da equipe. O líder de valor deve estar aberto e receptivo ao *feedback*, encarando-o como uma oportunidade de crescimento e aprendizado contínuo.

Além disso, a autoavaliação é uma ferramenta poderosa no processo de autoconhecimento; envolve uma reflexão honesta sobre as próprias habilidades, pontos fortes e fracos. Criar listas de competências, revisar resultados passados e identificar áreas de melhoria são formas eficazes de avaliar o próprio desempenho. No entanto, é crucial que essa autoavaliação seja objetiva e realista, evitando tanto a subestimação quanto a superestimação das habilidades pessoais.

Testes de personalidade, como o DISC, também podem ser úteis para entender melhor as características individuais que influenciam as habilidades interpessoais e o estilo de liderança. Esses testes fornecem *insights* sobre os traços de personalidade do líder e como eles podem impactar sua eficácia na liderança. No entanto, é importante lembrar que esses testes são apenas uma ferramenta e não devem ser usados isoladamente para avaliar o desempenho de um líder.

Por fim, trabalhar com um mentor ou *coach* pode ser altamente benéfico para identificar e desenvolver habilidades de liderança. Mentores e *coaches* experientes podem fornecer orientação personalizada, orientação e suporte para ajudar o líder a alcançar seu pleno potencial. Eles podem oferecer uma perspectiva externa imparcial e ajudar o líder a desenvolver um plano de ação para abordar áreas de melhoria identificadas. O processo de mentoria e *coaching* é uma jornada colaborativa que pode catalisar o crescimento pessoal e profissional do líder, preparando-o para enfrentar os desafios e as oportunidades que surgem em sua carreira.

À medida que você se aprofunda em seu autoconhecimento, torna-se mais consciente de como suas ações e decisões afetam sua equipe e organização. Isso lhe dá capacidade de liderança com empatia, adaptando seu estilo de liderança às necessidades individuais de sua equipe.

Em seguida, o autoconhecimento se torna a alavancagem poderosa que nos impulsiona. Ao conhecer nossas qualidades e limitações, podemos definir metas realistas e estratégias para nosso crescimento. Podemos ajustar nosso estilo de liderança de acordo com nossos pontos fortes e adaptá-lo para superar desafios específicos, como por meio de:

- acompanhamento de metas: estabelecer metas de desenvolvimento específicas e medir seu progresso regularmente pode ajudar a identificar áreas de melhoria, o que pode ser feito por meio de planos de desenvolvimento pessoal;

- *feedback* de autoavaliação regular: realizar verificações periódicas de autoavaliação, em que você compara seu desempenho atual com metas ou *benchmarks* anteriores, ajuda a medir o progresso;
- aprendizado contínuo: participar de treinamentos, *workshops* e cursos de desenvolvimento pessoal pode ser uma maneira eficaz de adquirir novas habilidades e melhorar as existentes.

Além disso, essa jornada o capacita a definir metas e visões mais alinhadas com seu verdadeiro eu, orientando-o na tomada de decisões estratégicas que impulsionaram sua equipe e organização na direção pretendida.

A combinação de várias dessas abordagens pode fornecer uma visão mais completa do autoconhecimento e ajudar um líder de valor a identificar e desenvolver suas habilidades e seus talentos, bem como abordar áreas de melhoria. É um processo contínuo que requer reflexão e ação constante.

O autoconhecimento nos ajuda a desenvolver uma compreensão profunda de nossos valores, opiniões e princípios. Isso não apenas molda nossa liderança, mas também orienta nossas decisões e ações. Quando sabemos o que realmente valorizamos, somos mais autênticos e inspiradores como líderes.

Uma jornada de autodescoberta tem o poder de definir quem você é como líder, pois ela revela forças, fraquezas, valores e paixões mais profundas. Essa compreensão profunda de si mesmo fornece uma base sólida para a construção de sua identidade como líder de valor, permitindo que você se alinhe com seus valores e objetivos pessoais.

Durante esse percurso, descobriremos como o autoconhecimento pode ser nossa bússola interna, guiando-nos em tempos de incerteza e desafio. Ele nos capacita a manter o foco em nosso propósito e nos auxilia a navegar pelas complexidades da liderança com clareza e confiança.

Assim, ao explorarmos e expandirmos nosso próprio potencial como líderes, o autoconhecimento não é meramente uma ferramenta, mas, sim, o alicerce sobre o qual construímos nosso sucesso. Estejamos prontos para embarcar em uma jornada de crescimento pessoal e liderança genuína, aproveitando todo nosso potencial e inspirando outros a fazerem o mesmo.

"Nesta jornada, o autoconhecimento
é nossa bússola,

Guiando-nos nas incertezas
e nos desafios da vida,

Mantendo-nos focados em nossos propósitos,

E capacitando-nos a liderar com clareza
e confiança."

Wanderléa Trajano

Capítulo 3

# VALORES PESSOAIS

Em seguida, estabelecemos nossos valores pessoais. Esses valores não são apenas palavras; eles representam compromissos profundos que fazemos conosco e com os outros. Comprometemo-nos a agir de maneira ética, a promover a integridade e a buscar constantemente a excelência. Esses valores se tornam o nosso alicerce, a bússola moral que guia nossa liderança e nossas ações.

**Neste terceiro capítulo, mergulharemos profundamente no cerne de nossa segunda etapa da jornada do Método PPM: nossos valores pessoais.**

Eles não são apenas palavras, mas compromissos profundos que firmamos com nós mesmos e com aqueles que nos rodeiam. São os pilares éticos que sustentam nossa conduta e definem nossa identidade como líderes.

Imagine, por um momento, que seus valores são como as estrelas no céu noturno, orientando-o em direção à verdadeira essência de quem você é como líder de valor. Comprometemo-nos a sermos íntegros, a honrar a ética e a busca incessante pela excelência. Esses valores não apenas nos guiam, mas também servem como nosso farol moral, iluminando o caminho em tempos de incerteza e desafio.

Neste capítulo, exploraremos a importância de identificar e afirmar nossos valores pessoais. Descobriremos como esses valores moldam nossas escolhas, nossas decisões e nossa forma de liderar. Ao final desta jornada, você não apenas conhecerá seus valores, mas também compreenderá como eles se entrelaçam com sua missão como líder e como podem influenciar positivamente sua equipe e organização.

Prepare-se para uma reflexão profunda e transformadora sobre os princípios que definem quem você é como líder de valor e como eles podem se tornar uma força poderosa para o bem em sua jornada de liderança.

## Identificação dos nossos Valores

A identificação e afirmação de nossos valores pessoais são fundamentais por várias razões cruciais:

- Clareza na tomada de decisões: quando compreendemos nossos valores, torna-se mais fácil tomar decisões alinhadas com o que realmente importa para nós. Essa clareza nos guia na seleção de opções que estão de acordo com nossas crenças e nossos princípios, o conflito interno e a incerteza.

- Autenticidade na liderança: como líderes de valor, a influência é essencial. Ao identificar e afirmar nossos valores pessoais, somos capazes de liderar de maneira mais autêntica. Isso cria confiança com nossa equipe, pois ela vê que estamos de acordo com nossos valores, o que, por sua vez, nos inspira a seguir nosso exemplo.

- Construção de cultura organizacional: se estamos em cargos de liderança em organizações, nossos valores pessoais podem influenciar a cultura da empresa. Ao incorporar nossos valores em nossas práticas de liderança, podemos contribuir para a criação de uma cultura que promova a ética, a integridade e a responsabilidade.

- Resiliência e motivação: quando enfrentamos desafios e adversidades, nossos valores pessoais podem ser fontes poderosas de motivação e resiliência. Eles nos lembram por que fazemos o que fazemos e nos dão a força para continuar avançando, mesmo quando as coisas estão difíceis.

- Desenvolvimento de relações significativas: a identificação e a afirmação de valores pessoais também ajudam a construir relacionamentos mais significativos. Quando compartilhamos valores semelhantes com colegas de equipe ou parceiros de negócios, a conexão é mais forte e as colaborações são mais eficazes.
- Definição de objetivos e propósito: nossos valores pessoais podem orientar a definição de metas e propósito. Eles nos ajudam a definir objetivos que estão alinhados com nossas paixões e nossos princípios, tornando nossos esforços mais significativos e gratificantes.
- Maior satisfação pessoal: viver de acordo com nossos valores pessoais geralmente resulta em maior satisfação pessoal. Sentimo-nos mais autênticos, realizados e em paz com nossas escolhas, o que contribui para uma sensação geral de bem-estar.

Em resumo, identificar e afirmar nossos valores pessoais é um passo crítico na jornada de autodescoberta e liderança. Eles servem como um norte interno, orientando nossas decisões, ações e relacionamentos e capacitando-nos a liderar de maneira mais autêntica e eficaz.

## Princípios Fundamentais da Liderança de Valor

A jornada de liderança é, em essência, uma busca contínua para definir e viver de acordo com princípios que nos guiam e inspiram. Esses princípios não são apenas palavras no papel; são a base sobre a qual construímos nossa identidade como líderes de valor e a força motriz por trás de nosso impacto no mundo. Quando esses princípios são verdadeiramente entendidos e internalizados, eles se tornam uma força poderosa para o bem em nossa jornada de liderança.

Princípios que nos guiam e inspiram:

1. Integridade: A integridade é o alicerce de um líder autêntico. Ela nos impulsiona a agir com honestidade, transparência e coerência em todas as situações. Quando vivemos com integridade, construímos confiança e respeito com nossa equipe e organização, criando um ambiente de trabalho em que todos se sentem valorizados.

2. Empatia: A empatia nos permite entender e nos conectar verdadeiramente com as pessoas ao nosso redor. Como líderes de valor, ao praticar a empatia, somos capazes de compreender as necessidades, preocupações e aspirações de nossa equipe. Isso não apenas fortalece nossos relacionamentos, mas também nos capacita a tomar decisões que beneficiam a todos.

3. Resiliência: A resiliência nos ajuda a enfrentar desafios com confiança e determinação. Ela nos lembra que fracassos temporários não definem nossa jornada, mas são oportunidades para aprender e crescer. Quando somos líderes resilientes, inspiramos nossa equipe a persistir diante da adversidade.

4. Responsabilidade: A responsabilidade nos faz assumir a responsabilidade por nossas ações e decisões. Isso significa reconhecer nossos erros e aprender com eles. Quando lideramos com responsabilidade, estamos dispostos a prestar contas por nossas escolhas e a buscar soluções em vez de culpar os outros.

5. Inclusão: A inclusão nos ensina que cada voz e perspectiva são valiosas. Como líderes de valor, ao promover a inclusão, desenvolvemos equipes diversas que trazem uma variedade de experiências e ideias. Isso impulsiona a inovação e a criatividade, criando um ambiente onde todos se sintam pertencentes.

6. Altruísmo: O altruísmo nos leva a servir aos outros e a contribuir para o bem-estar coletivo. Quando lideramos com altruísmo, colocamos as necessidades de nossa equipe e organização antes das nossas próprias. Isso cria um ambiente onde todos se apoiam mutuamente e trabalham em direção aos objetivos comuns.

7. Crescimento contínuo: O princípio do crescimento contínuo incentiva-nos a nunca parar de aprender e evoluir como líderes. Ele nos lembra que o desenvolvimento pessoal é uma jornada que dura a vida toda. Quando valorizamos o crescimento, inspiramos outros a também buscarem a excelência.

Esses princípios não são apenas teóricos; eles são práticos e aplicáveis a cada aspecto da liderança. Ao adotá-los, os líderes de valor não apenas melhoram a si mesmos, mas também criam um impacto positivo duradouro em suas equipes e organizações.

Você sabe quais são os seus valores na prática? Quais são os seus valores essenciais para um líder de valor? Vamos descobrir juntos?

## Explorando Nossos Valores Internos

### Dinâmica de Valores

A Dinâmica de Valores é uma prática profunda e reveladora que nos permite explorar, identificar e refletir sobre os princípios que consideramos mais importantes.

Nesta atividade, vamos embarcar em uma exploração introspectiva para descobrir os valores que realmente importam para cada um de nós. Por meio deste processo, podemos alinhar nossas ações e escolhas diárias com nossos valores mais profundos, promovendo uma vida mais consciente e significativa. Entender o que é essencial para nós ajuda-nos a tomar decisões mais acertadas, lidar melhor com os desafios e construir relacionamentos mais autênticos e satisfatórios.

## Objetivo da Dinâmica

O objetivo desta dinâmica é ajudar cada participante a identificar e refletir sobre os valores que são mais importantes em suas vidas. Ao final do processo, você terá uma visão clara dos seus valores prioritários e poderá utilizá-los como uma bússola para orientar suas ações e decisões futuras.

## Instruções

1. Reflexão inicial: coloque todos os valores à sua frente e reserve um momento para refletir sobre cada um deles e o significado que possuem para você.
2. Primeira seleção: escolha, dentre todos, os 10 valores que mais ressoam com você e fazem mais sentido na sua vida.
3. Segunda seleção: dos 10 valores selecionados, reduza a lista para os cinco que são absolutamente essenciais para a sua essência como pessoa.
4. Definição de prioridades: ordene os cinco valores restantes por ordem de maior importância para você e pense em qual deles é a base de sua vida e quais complementam esse valor principal.

## Resultado da Dinâmica

O principal resultado desta dinâmica é conhecer os seus valores essenciais. Esses são os valores que mais o definem. Ao compreendê-los melhor, você será capaz de entender muitas das atitudes e comportamentos que teve ao longo de sua trajetória como líder de valor.

## Conforme instruído no item 1

Reflexão inicial: coloque todos os valores à sua frente e reserve um momento para refletir sobre cada um deles e o significado que possuem para você.

A seguir, apresentamos uma lista de valores brevemente conceituados para ajudá-lo a executar a dinâmica.

Aceite o convite e dedique esse tempo a você mesmo. Vamos lá!

## Valores

- Adaptabilidade: a adaptabilidade é a capacidade de se ajustar a novas condições e enfrentar mudanças com flexibilidade e resiliência.
- Amizade: valorizar a amizade significa nutrir relacionamentos saudáveis, apoiar e estar presente para os amigos nos momentos bons e ruins.
- Amor: o amor é um sentimento profundo de afeto e carinho, sendo a base para relações significativas e duradouras.
- Aprendizagem: a aprendizagem é um processo contínuo de aquisição de conhecimentos, habilidades e experiências ao longo da vida.

- Aventura: a aventura representa a busca por experiências novas e emocionantes, a disposição para sair da zona de conforto e abraçar o desconhecido.

- Bondade: valorizar a bondade significa agir com compaixão, empatia e generosidade, buscando o bem-estar dos outros.

- Compreensão: a compreensão envolve empatia, a capacidade de ouvir, compreender e se conectar com os outros.

- Compromisso com a excelência: o compromisso com a excelência é a dedicação constante a alcançar os mais altos padrões de qualidade em todas as atividades.

- Confiabilidade: a confiança é a base das relações pessoais e profissionais, demonstrando consistência, responsabilidade e cumprimento de promessas.

- Coragem: a coragem é a força interior que nos permite enfrentar desafios, superar medos e agir mesmo quando a situação é difícil.

- Criatividade: a criatividade é a capacidade de pensar de forma inovadora, encontrar soluções únicas e expressar-se artisticamente.

- Determinação: a determinação é a força que nos impulsiona a persistir diante de obstáculos, perseverar em nossos objetivos e não desistir facilmente.

- Empatia: a empatia é a habilidade de entender e compartilhar os sentimentos dos outros, demonstrando compreensão e apoio.

- Espontaneidade: valorizar a espontaneidade é abraçar momentos não planejados, deixando fluir a inovação e a criatividade.

- Foco no desenvolvimento: o foco no desenvolvimento é a dedicação contínua ao crescimento pessoal e profissional, buscando sempre se aprimorar e aprender.

- Honestidade: a honestidade é a integridade moral de dizer a verdade, agir com sinceridade e ser transparente em todas as interações.

- Independência: a independência envolve a capacidade de tomar decisões e agir de forma autônoma, não dependendo dos outros.

- Inovação: a inovação é a capacidade de introduzir novas ideias, métodos ou produtos, promovendo avanços e melhorias contínuas.

- Integridade: a integridade está ligada a manter os princípios éticos e morais, agir de maneira consistente com seus valores, mesmo quando ninguém está observando.

- Inteligência: a inteligência é a habilidade de aprender, compreender, aplicar conhecimento e resolver problemas complexos.

- Justiça: a justiça implica tratar todos de forma equitativa, respeitando os direitos e garantindo que as pessoas sejam tratadas com imparcialidade.

- Liderança inspiradora: a liderança inspiradora é a capacidade de motivar e guiar os outros por meio de exemplo, visão e empatia.

- Paz: a paz é um estado de harmonia e ausência de conflito, tanto internamente como no mundo ao nosso redor.

- Perfeição: valorizar a perfeição pode ser uma busca constante pelo melhoramento, mas também considera a beleza da imperfeição.

- Realização: valorizar a realização significa estabelecer metas e trabalhar diligentemente para alcançá-las, encontrando satisfação na jornada rumo ao sucesso.

- Respeito: o respeito envolve tratar os outros com dignidade, consideração e reconhecimento de suas qualidades e seus direitos.

- Responsabilidade: a responsabilidade é a capacidade de assumir e cumprir compromissos e deveres, sendo confiável e responsável por suas ações.

- Riqueza: a riqueza pode ser material, mas também se refere à abundância em relacionamentos, experiências e sabedoria.

- Saúde: a saúde é um bem precioso que engloba cuidar do corpo e da mente, garantindo qualidade de vida e bem-estar.

- Segurança: a segurança envolve a busca por proteção, estabilidade e a certeza de que as necessidades básicas são atendidas.

- Simplicidade: a simplicidade é apreciar a beleza na pureza e na ausência de complexidade, buscando uma vida mais simples e significativa.

- Sinceridade: a sinceridade é a honestidade em sua forma mais pura, comunicando os sentimentos e pensamentos de forma autêntica.

- Sucesso: o sucesso pode ser definido individualmente, representando a realização dos objetivos e a sensação de conquista.

- Trabalho em equipe: o trabalho em equipe é a colaboração eficaz e harmoniosa entre os membros de um grupo, visando a alcançar objetivos comuns.

## A Importância de um Líder de Valor Conhecer seus Principais Valores

Conhecer seus valores é essencial para um líder de valor, pois oferece um profundo autoconhecimento e autenticidade. Isso permite que ele seja genuíno em suas ações e decisões, o que é fundamental para construir confiança e credibilidade, tanto no ambiente familiar quanto no profissional e pessoal. Um líder de valor consciente de seus valores age de forma coerente, promovendo harmonia e estabilidade em todos os aspectos da sua vida.

No meio familiar, um líder de valor que conhece seus valores age de forma consistente, promovendo um ambiente de respeito e apoio mútuos. A coerência em suas ações gera um exemplo positivo para os membros da família, incentivando um comportamento ético e responsável. Além disso, o conhecimento dos valores pessoais ajuda o líder a tomar decisões que estejam alinhadas com os princípios familiares, fortalecendo os laços e a confiança entre os familiares. Por exemplo, se um dos valores principais de um líder de valor é a honestidade, ele ensinará seus filhos a importância de dizer a verdade e manter a integridade, criando uma cultura familiar baseada na transparência e na confiança.

No ambiente profissional, um líder de valor que conhece seus valores lidera com integridade e consistência, inspirando confiança e lealdade entre os membros da equipe. Essa liderança eficaz facilita a criação de um ambiente de trabalho positivo e produtivo. Valores bem definidos guiam o líder de valor na tomada de decisões difíceis, assegurando que essas decisões estejam alinhadas com a ética e os objetivos da organização.

Isso pode resultar em uma maior coesão e alinhamento dentro da equipe e da empresa como um todo. Por exemplo, um líder de valor que valoriza a inovação promoverá uma cultura de criatividade e experimentação, encorajando sua equipe a explorar novas ideias e abordagens, o que pode levar a avanços significativos e ao sucesso organizacional.

No âmbito pessoal, conhecer seus valores proporciona ao líder de valor uma clareza de propósito e direção na vida, ajudando-o a definir metas e prioridades que estão alinhadas com o que é realmente importante para ele. Valores sólidos funcionam como uma bússola em momentos de adversidade, ajudando o líder a manter a resiliência e o bem-estar emocional. Isso é crucial para enfrentar desafios e manter um equilíbrio saudável entre vida pessoal e profissional. Por exemplo, um líder de valor que valoriza a saúde garantirá que reserve tempo para atividades físicas e práticas de bem-estar, mantendo-se em boa forma, tanto física quanto mental.

Um líder que age de acordo com seus valores estabelece relacionamentos pessoais mais autênticos e significativos, baseados em confiança e respeito mútuos. A clareza sobre seus valores permite ao líder criar conexões genuínas e duradouras, tanto em sua vida pessoal quanto profissional. Por exemplo, um líder de valor que valoriza a amizade fará um esforço consciente para manter e nutrir relacionamentos saudáveis, oferecendo suporte e estando presente para seus amigos nos momentos bons e ruins.

Em conclusão, o conhecimento e a aplicação dos próprios valores são fundamentais para a eficácia de um líder em todos os aspectos de sua vida. No meio familiar, promove harmonia e respeito; no profissional, fortalece a liderança e a cultura organizacional; e no pessoal, oferece clareza, propósito e bem-estar.

Líderes de valor que conhecem e vivem de acordo com seus valores não apenas prosperam em suas funções, mas também inspiram e capacitam aqueles ao seu redor a fazerem o mesmo. Por exemplo, Steve Jobs, cofundador da Apple, valorizava a inovação e a perfeição, influenciando suas decisões e a cultura da empresa. Isso resultou em produtos revolucionários, como o iPhone e o iPad. A biografia *Steve Jobs*, de Walter Isaacson, junto de entrevistas e análises, mostra como sua busca por inovação moldou a Apple e impactou a tecnologia global. Esses valores pessoais são cruciais para a liderança eficaz.

## Valores Pessoais que se Destacam em um Líder de Valor

Os valores pessoais que se destacam em um líder de valor podem variar, mas geralmente incluem:

- integridade,
- respeito,
- empatia,
- compromisso com a excelência,
- responsabilidade,
- inovação,
- trabalho em equipe,
- foco no desenvolvimento,
- liderança inspiradora,
- adaptabilidade.

Esses são apenas alguns exemplos de valores pessoais que se destacam em um líder de valor. É importante observar que esses valores podem variar de pessoa para pessoa, mas o compromisso com valores éticos e um alto padrão de conduta é fundamental para uma liderança de valor.

## Valores Negativos e Seus Impactos no Âmbito Profissional, Pessoal e Familiar para um Líder

Não podemos deixar de abordar alguns valores negativos, pois eles também podem fazer parte de nossas vidas e, sem perceber, levar-nos a resultados indesejados. Muitas vezes, não estamos atentos a esses valores e ao impacto que podem estar gerando em nossas vidas. Reconhecer e entender esses aspectos negativos é crucial, mesmo que seja um tema difícil. Precisamos conhecer todas as facetas dos nossos valores para nos tornarmos líderes de valor mais conscientes e eficazes. Vamos explorar juntos esses valores negativos e compreender como evitá-los.

## Valores Negativos

## Desonestidade

- Impacto profissional: a desonestidade mina a confiança entre colegas, subordinados e superiores. Projetos podem ser comprometidos por informações falsas e a reputação do líder pode ser danificada irreparavelmente, resultando em perda de oportunidades e credibilidade.
- Impacto pessoal: em nível pessoal, a desonestidade gera conflitos internos e ansiedade. A consciência pesada por enganar outros pode levar a uma baixa autoestima e problemas de saúde mental.
- Impacto familiar: no âmbito familiar, a desonestidade corrói a confiança entre os membros da família. Isso pode resultar em relacionamentos tensos, brigas frequentes e, em casos extremos, rupturas familiares.

## Desrespeito

- Impacto profissional: o desrespeito no ambiente de trabalho cria um clima tóxico, levando à insatisfação e baixa moral entre os funcionários. Isso resulta em alta rotatividade de pessoal e perda de produtividade.

METÓDO PPM

- Impacto pessoal: pessoalmente, atitudes desrespeitosas afastam amigos e colegas, isolando o líder. A falta de respeito pelos outros pode levar à solidão e ao isolamento social.

- Impacto familiar: no ambiente familiar, o desrespeito pode resultar em conflitos constantes, falta de harmonia e relacionamentos fraturados. Isso prejudica a coesão familiar e o bem-estar emocional dos membros da família.

## Indiferença

- Impacto profissional: a indiferença no local de trabalho faz com que os membros da equipe se sintam desvalorizados e negligenciados. Isso diminui a motivação e a produtividade, além de aumentar a rotatividade de funcionários.

- Impacto pessoal: em nível pessoal, a indiferença impede a construção de relacionamentos profundos e significativos. A falta de empatia e interesse pelos outros pode levar à alienação e solidão.

- Impacto familiar: em casa, a indiferença pode criar uma desconexão emocional entre os membros da família, levando a sentimentos de rejeição e falta de apoio e afetando negativamente a dinâmica familiar.

## Mediocridade

- Impacto profissional: no ambiente de trabalho, a mediocridade resulta em baixa qualidade de trabalho e falta de inovação. Isso pode prejudicar o crescimento e a competitividade da organização, afetando a carreira do líder.

- Impacto pessoal: pessoalmente, aceitar a mediocridade impede o desenvolvimento pessoal e profissional. Isso leva a uma sensação de estagnação e frustração contínua.
- Impacto familiar: no contexto familiar, a mediocridade pode levar a uma vida insatisfatória, sem aspirações ou crescimento. Isso pode afetar a motivação e a felicidade dos membros da família.

## Irresponsabilidade

- Impacto profissional: a irresponsabilidade no trabalho resulta em prazos não cumpridos, projetos fracassados e uma reputação de falta de confiabilidade. Isso afeta negativamente a carreira do líder e a confiança da equipe.
- Impacto pessoal: pessoalmente, a irresponsabilidade gera caos e desorganização, dificultando o alcance de objetivos e metas. Isso pode levar a uma sensação de fracasso e baixa autoestima.
- Impacto familiar: no ambiente familiar, a irresponsabilidade pode causar instabilidade financeira e emocional, prejudicando a segurança e o bem-estar dos membros da família.

## Conservadorismo Estagnado

- Impacto profissional: no trabalho, a resistência a mudanças e novas ideias impede a inovação e a adaptação. Isso pode resultar na obsolescência da organização e perda de competitividade.
- Impacto pessoal: pessoalmente, a resistência a mudanças impede o crescimento e a adaptação a novas situações. Isso pode levar à frustração e a uma vida insatisfatória.

- Impacto familiar: no ambiente familiar, o conservadorismo estagnado pode criar um ambiente rígido e inflexível, dificultando a adaptação a novas circunstâncias e necessidades.

## Individualismo Excessivo

- Impacto profissional: no ambiente de trabalho, o individualismo excessivo impede a colaboração e a sinergia da equipe. Isso resulta em uma equipe desunida e ineficiente, prejudicando o desempenho geral.
- Impacto pessoal: pessoalmente, o individualismo excessivo afasta amigos e familiares, levando ao isolamento social e à solidão.
- Impacto familiar: no contexto familiar, o individualismo excessivo pode causar falta de união e apoio entre os membros da família, resultando em uma dinâmica familiar frágil e desestruturada.

## Estagnação

- Impacto profissional: no trabalho, a falta de interesse em crescimento e desenvolvimento impede a inovação e o aprimoramento contínuo, prejudicando a carreira do líder e o sucesso da organização.
- Impacto pessoal: pessoalmente, a estagnação leva a uma vida monótona e insatisfatória, sem aspirações ou objetivos. Isso pode resultar em depressão e baixa autoestima.
- Impacto familiar: no ambiente familiar, a estagnação pode levar a uma falta de progresso e crescimento, afetando a qualidade de vida e o bem-estar dos membros da família.

## Liderança Autoritária

- Impacto profissional: no trabalho, a liderança autoritária cria um ambiente de medo e ressentimento, resultando em baixa moral e alta rotatividade de funcionários. A criatividade e a inovação são sufocadas.

- Impacto pessoal: pessoalmente, a liderança autoritária afasta amigos e colegas, criando um isolamento social e dificuldades em manter relacionamentos saudáveis.

- Impacto familiar: no ambiente familiar, a liderança autoritária cria um clima de tensão e conflito, afetando negativamente a harmonia e o bem-estar emocional dos membros da família.

## Rigidez

- Impacto profissional: no trabalho, a rigidez impede a adaptação a novas circunstâncias e desafios, prejudicando a capacidade da organização de se manter competitiva e inovadora.

- Impacto pessoal: pessoalmente, a rigidez impede o crescimento e a adaptação a novas situações, resultando em frustração e uma vida insatisfatória.

- Impacto familiar: no contexto familiar, a rigidez cria um ambiente inflexível e difícil, impedindo a adaptação às necessidades e mudanças, afetando negativamente a dinâmica e a felicidade familiar.

Os valores negativos podem ter impactos devastadores no âmbito profissional, pessoal e familiar de um líder de valor. Eles minam a confiança, a colaboração e o crescimento, criando ambientes tóxicos e insatisfatórios. Ao reconhecer e evitar esses valores negativos, um líder pode promover um ambiente positivo e produtivo, tanto no trabalho quanto em casa, construindo relações saudáveis e eficazes que beneficiam a todos ao seu redor.

"Conhecer seus valores pessoais é o farol que guia o líder de valor através das tempestades da incerteza, mantendo-o firme no caminho da integridade e da segurança."

Wanderléa Trajano

Capítulo 4

# DESAFIOS E OBJETIVOS

A jornada de um líder de valor não é livre de desafios. Imagine enfrentar mudanças constantes no cenário em que atuamos, lidar com pressões e expectativas em constante evolução. Porém, como líderes, não recuamos diante dos desafios; nós os abraçamos como oportunidades de crescimento.

À medida que avançamos na jornada do Método PPM, deparamo-nos com o capítulo emocionante e desafiador intitulado "Desafios e Objetivos".

Imagine a liderança como uma trilha sinuosa e, à medida que seguimos em frente, encontramos terrenos acidentados, obstáculos inesperados e encruzilhadas que nos obrigam a tomar decisões difíceis. A verdade é que a jornada de um líder de valor não é isenta de desafios.

Todavia, navegando em um cenário em constante mutação, onde as pressões e expectativas evoluem constantemente, é fundamental adaptarmos nossas estratégias e mantermos a flexibilidade para enfrentar os desafios. No entanto, não somos líderes comuns, somos líderes comprometidos com um propósito maior.

Neste capítulo, aprenderemos a abraçar os desafios como oportunidades de crescimento. Vamos explorar como definir metas claras e objetivos inspiradores pode nos ajudar a traçar um caminho através das adversidades. Imagine o desafio como uma pedra no caminho; em vez de nos deter, usamos essa pedra como um degrau para subir mais alto em direção aos nossos objetivos.

Aqui, descobriremos estratégias e ferramentas para enfrentar os desafios de frente, transformando-os em oportunidades de aprendizado e crescimento pessoal. Prepare-se para mergulhar no cerne da liderança resiliente e descobrir como superar os obstáculos nos levará um passo mais perto de alcançar nossos objetivos com sucesso.

## Transformando Desafios em Oportunidades de Crescimento

Abraçar os desafios como oportunidades de crescimento é uma abordagem poderosa que pode transformar a maneira como enfrentamos adversidades e obstáculos em nossa jornada de liderança e na vida em geral. O primeiro passo para transformar desafios em oportunidades de crescimento é mudar nossa perspectiva. Em vez de ver os desafios como obstáculos intransponíveis, líderes de valor podem vê-los como testes que desenvolvem habilidades e resiliência. Encarar desafios como oportunidades de aprendizado e crescimento pessoal permite tirar o máximo proveito de cada situação difícil.

Reconhecer que os desafios são uma parte inevitável da vida é crucial. Aceitar a adversidade tanto no trabalho quanto na vida pessoal permite que líderes de valor enfrentem essas situações com serenidade e determinação. Isso reduz o impacto emocional e a resistência aos desafios, facilitando o processo de superação. Concentração na solução em vez do problema é uma estratégia eficaz para lidar com desafios. Perguntar "O que posso aprender com isso? Como posso superar isso?" ajuda a direcionar energia para resolver problemas e crescer com as experiências.

A resiliência é fundamental para superar desafios com sucesso. Cada obstáculo superado fortalece a resiliência emocional e mental, preparando o líder para enfrentar futuros desafios com mais confiança e determinação. Uma atitude de aprendizado contínuo é essencial para líderes de valor. Estar aberto a aprender com cada desafio e identificar lições aplicáveis no futuro garante um crescimento constante e sustentável.

Encarar desafios como oportunidades de desenvolver novas habilidades transforma adversidades em vantagens. Aprimorar habilidades de liderança e buscar desenvolvimento pessoal é uma abordagem proativa que leva a resultados positivos a longo prazo. Enfrentar desafios com sucesso aumenta a confiança nas próprias habilidades e fortalece a autoconfiança do líder. Cada obstáculo superado contribui para uma maior confiança em si mesmo.

Ver desafios como oportunidades de crescimento pessoal é uma perspectiva poderosa que promove autodescoberta significativa. Enfrentar desafios ajuda líderes a descobrirem suas capacidades e seus limites, promovendo um crescimento profundo e duradouro. Compartilhar experiências de superação de desafios com outros inspira e fortalece a resiliência das equipes. Líderes que compartilham suas histórias oferecem orientação e apoio valiosos para aqueles que enfrentam desafios semelhantes.

Por fim, ao enfrentar desafios temporários, é essencial manter o foco no longo prazo. Lembrar-se dos objetivos mais amplos e manter uma visão de futuro ajuda os líderes a enfrentarem os desafios com determinação e perseverança, sabendo que cada obstáculo superado os aproxima de suas metas.

## Fluxo de Ação para Enfrentar Desafios com Resiliência

Na jornada do desenvolvimento de liderança, enfrentar desafios com resiliência é essencial para o crescimento pessoal e profissional. O fluxograma a seguir oferece um roteiro simplificado, delineando as ações-chave que os líderes podem adotar para transformar adversidades em oportunidades de aprendizado e crescimento. Explore as etapas delineadas e descubra como enfrentar os desafios com determinação e confiança.

## Guia Simplificado para Líderes Enfrentarem Desafios com Resiliência

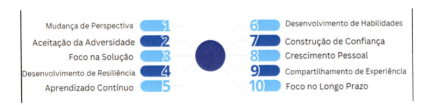

Esse fluxograma simplificado orienta os líderes de valor a enfrentarem desafios com resiliência, convertendo adversidades em crescimento pessoal e profissional. Ao adotar essas estratégias, os líderes estarão preparados para transformar dificuldades em oportunidades e alcançar novos patamares de sucesso.

Abraçar os desafios como oportunidades de crescimento requer uma atitude positiva e a disposição de enfrentar a adversidade com coragem e determinação. Líderes que adotam essa abordagem não apenas superam obstáculos, mas também se tornam exemplos inspiradores para suas equipes, demonstrando que desafios podem ser trampolins para o sucesso e o desenvolvimento pessoal.

Definir metas claras e objetivos inspiradores é essencial na jornada de liderança. Isso nos ajuda a traçar um caminho através das adversidades de várias maneiras. Vamos aproveitar este tópico e mencionar alguns desafios e atitudes que possam gerar oportunidades de crescimento.

Metas claras fornecem um ponto de foco, direcionando os esforços em direção a um propósito específico, como quando uma empresa decide aumentar sua presença on-line para alcançar um novo público. Objetivos inspiradores mantêm a motivação alta, mesmo em tempos difíceis, lembrando a todos da importância do trabalho árduo, como um time que se empenha para lançar um produto inovador, apesar das dificuldades técnicas.

Com metas bem-definidas, é mais fácil superar adversidades, pois há um motivo convincente para perseverar, como uma *startup* que continua a desenvolver sua tecnologia disruptiva, sabendo que o sucesso final valerá todos os obstáculos. Objetivos bem definidos permitem medir o progresso de maneira tangível, avaliando se estamos no caminho certo, mesmo diante de obstáculos, como uma equipe de projeto que monitora marcos importantes para garantir que os prazos sejam cumpridos.

Objetivos inspiradores dão um significado mais profundo ao trabalho, criando um senso de propósito que transcende as dificuldades momentâneas, como um hospital que trabalha incansavelmente para melhorar os cuidados aos pacientes durante uma crise de saúde pública. Em face de adversidades, objetivos claros ajudam a adaptar e ajustar a estratégia, mantendo o foco final em mente e facilitando a comunicação com a equipe e as partes interessadas, garantindo que todos compreendam o que está sendo buscado e por quê.

Metas de prosperidade unem a equipe em torno de um objetivo comum, aumentando a coesão e a colaboração, especialmente em tempos difíceis. Quando surgem desafios e conflitos, metas claras ajudam a resolver disputas ao fornecer objetivos concretos para a tomada de decisões. Buscar objetivos desafiadores promove o crescimento pessoal, tornando-nos mais resilientes e adaptáveis às adversidades, aprendendo com cada obstáculo para nos tornarmos mais fortes.

Além de ajudar a superar desafios, definir metas claras e objetivos inspiradores também fornece razões para celebrar conquistas, o que pode manter a equipe motivada e engajada. Celebrações de conquistas reforçam a importância do trabalho realizado e aumentam a moral, incentivando a equipe a continuar se esforçando em direção a novos objetivos.

## Estratégias para Enfrentar Desafios com Resiliência

Enfrentar desafios de frente e transformá-los em oportunidades de aprendizado e crescimento pessoal requer estratégias e ferramentas específicas. Cultivar uma mentalidade positiva é essencial, ajudando a ver os desafios como oportunidades em vez de obstáculos e a criar uma abordagem otimista diante das adversidades.

Desenvolver a resiliência emocional é igualmente importante. A capacidade de lidar com o estresse e a pressão de forma saudável mantém a calma e a clareza durante os desafios.

Estar disposto ao aprendizado contínuo é outra chave. Reflita sobre o que funcionou e o que não funcionou, aplicando essas lições no futuro para melhorar continuamente.

A definição de objetivos claros também é crucial. Estabeleça metas específicas e mensuráveis que deseja alcançar, fornecendo um senso de direção e propósito durante os desafios.

Um planejamento estratégico sólido é necessário. Isso inclui a identificação dos recursos necessários, a alocação de tarefas e a definição de marcos para medir o progresso.

Manter uma comunicação eficaz com sua equipe ou com aqueles envolvidos no desafio evita mal-entendidos e facilita a colaboração. A comunicação aberta e transparente é vital.

Contar com o apoio de uma rede de amigos, familiares, colegas ou mentores pode ajudar a aliviar o estresse e oferecer perspectivas inovadoras.

Concentre-se no controle interno, focando naquilo que você pode controlar e influenciar. Deixe de lado as preocupações sobre o que está fora do seu controle.

Seja flexível e adaptável, ajustando sua estratégia à medida que a situação evolua. A rigidez pode ser prejudicial durante desafios imprevisíveis.

Pratique a autorreflexão, tirando um tempo para avaliar suas ações e respostas aos desafios. Isso promove o crescimento pessoal e aprimora suas habilidades de liderança.

Saiba definir limites e reconhecer quando pedir ajuda ou quando é hora de descansar. Isso evita o esgotamento durante desafios prolongados.

Celebre as pequenas vitórias, reconhecendo e comemorando marcos e progressos, por menores que sejam. Isso mantém a motivação e a positividade.

Finalmente, faça uma avaliação pós-desafio para analisar o que funcionou bem e o que poderia ser melhorado na próxima vez.

Cada desafio é uma oportunidade única de crescimento e aprendizado. Usando essas estratégias e ferramentas, você pode enfrentar os desafios de frente, aproveitando ao máximo as lições que eles oferecem e emergindo mais forte e mais sábio.

## Desenvolvendo Resiliência: Superando Obstáculos na Carreira Profissional

### Desafio para o Leitor

**Problema:** Líderes competentes frequentemente enfrentam obstáculos em suas carreiras devido à percepção ameaçadora que despertam em suas hierarquias superiores, resultando em medidas que minam sua estabilidade emocional e dificultam suas relações dentro da organização.

**Desafio:** Como você enfrentaria esses obstáculos e desenvolveria estratégias para superá-los, construindo um ambiente propício para o crescimento pessoal e profissional?

**Plano de Ação:**

- Autoavaliação e conscientização: dedique tempo para refletir sobre suas habilidades, seus pontos fortes e suas áreas de melhoria e reconheça os desafios interpessoais, políticos e emocionais em sua carreira.

- Desenvolvimento de competências: comprometa-se com o aprimoramento contínuo de suas habilidades de liderança, comunicação e gestão emocional, participando de cursos e treinamentos relevantes.

- Construção de relacionamentos: invista na construção de relacionamentos sólidos com colegas, superiores e mentores e estabeleça uma rede de apoio para obter orientação e suporte emocional.

- Gerenciamento de desafios: desenvolva estratégias para lidar com obstáculos interpessoais e políticos de forma calma, resiliente e ética, mantendo sempre uma postura profissional.

- Busca por orientação: procure orientação de mentores e colegas confiáveis para obter *insights* sobre como superar desafios e navegar na política organizacional de maneira eficaz.

- Cultivo da inteligência emocional: reconheça a importância da inteligência emocional e cultive autoconsciência, compaixão e empatia para melhorar suas relações interpessoais e lidar com desafios.

- Promoção de um ambiente positivo: contribua para criar um ambiente de trabalho positivo, promovendo colaboração, respeito e apoio mútuo entre os colegas.
- Monitoramento e adaptação: avalie regularmente seu progresso, ajustando seu plano de ação conforme necessário, com base em *feedbacks* construtivos e experiências passadas.

**Fechamento do Desafio:** Após analisar este plano de ação e compará-lo com o seu, reflita sobre como aplicar efetivamente suas estratégias para superar os desafios em sua carreira profissional. Adote uma abordagem proativa e focada no desenvolvimento pessoal e profissional para se tornar um líder resiliente e alcançar o sucesso.

"O verdadeiro líder não recua diante dos desafios; ele os abraça como oportunidades de crescimento, abrindo o caminho para um sucesso ainda mais grandioso."

Wanderléa Trajano

# Capítulo 5

# APRENDIZADO CONTÍNUO

*Adotar o PPM – Promoção do Potencial Máximo* é abraçar a aprendizagem contínua. Precisamos estar sempre abertos a novas ideias, buscando adquirir novos conhecimentos e habilidades, e constantemente nos atualizando para aprimorar nossas capacidades de liderança.

**No quinto capítulo da jornada do Método PPM, adentramos o emocionante mundo do "Aprendizado Contínuo".**

Mantenha-se como uma esponja insaciável por conhecimento, ansioso por novas ideias e experiências. Neste capítulo, exploraremos como a busca constante de aprendizado está intrinsecamente ligada à realização da Promoção do Potencial Máximo.

Assuma o papel de um estudante eterno, mantendo a mente sempre aberta para absorver os ensinamentos que o mundo tem a oferecer. Permaneça em constante estado de aprendizado, pronto para adquirir novos conhecimentos, habilidades e perspectivas.

O compromisso com a aprendizagem contínua é como um motor que impulsiona nossa jornada de liderança. À medida que nos atualizamos e aprimoramos nossas competências, tornamo-nos líderes de valor mais eficazes e adaptáveis. É como se estivéssemos refinando constantemente as ferramentas em nossa caixa de liderança, permitindo-nos enfrentar desafios de forma mais habilidosa e tomar decisões mais informadas.

Neste capítulo, exploraremos as várias maneiras pelas quais podemos nutrir nosso desejo insaciável por conhecimento. Desde a leitura de livros inspiradores até a participação em cursos e mentorias, encontraremos estratégias para nos mantermos sempre à frente no nosso jogo de liderança.

Prepare-se para uma jornada de crescimento pessoal e profissional, na qual o aprendizado contínuo não é apenas um conceito, mas uma filosofia de vida que nos impulsiona a promover nosso potencial máximo como líderes comprometidos com o sucesso e o desenvolvimento constante.

## Cultivando uma Sede Insaciável por Conhecimento

Nutrir um desejo insaciável por conhecimento é uma qualidade valiosa que pode enriquecer nossas vidas pessoais e profissionais. Para cultivar e alimentar esse desejo de aprendizado constante, existem diversas estratégias que podemos adotar.

Primeiramente, é essencial cultivar a curiosidade. Manter-se curioso sobre o mundo ao seu redor, fazendo perguntas e buscando respostas, é fundamental. Não tenha medo de explorar tópicos que o intrigam. Essa curiosidade natural pode ser complementada com a prática da leitura regular, uma das maneiras mais eficazes de adquirir conhecimento. Ler livros, artigos, blogs e outros materiais que abrangem uma variedade de descrições amplia nosso horizonte de entendimento.

Outra forma eficaz de aprendizado é assistir a documentários e palestras. Documentários e palestras on-line, como as disponíveis em plataformas como TED Talks e YouTube, oferecem uma excelente oportunidade para aprender sobre uma ampla gama de assuntos. Da mesma forma, participar de cursos e *workshops* – sejam eles presenciais ou on-line – proporciona um ambiente estruturado para o aprendizado de novas habilidades, desde as práticas até as acadêmicas.

Para aqueles que estão sempre em movimento, ouvir *podcasts* educativos é uma solução conveniente. Existem muitos *podcasts* dedicados a tópicos educacionais que permitem aprender enquanto se está em trânsito. Manter um diário ou bloco de notas para anotar descobertas, pensamentos e ideias, à medida que se aprende, é uma excelente maneira de consolidar o conhecimento adquirido.

A prática do aprendizado ativo é crucial. Em vez de consumir informações passivamente, envolver-se com o material por meio de anotações, perguntas e discussões ajuda a internalizar o conhecimento. Participar de discussões e debates em grupos de discussão, clubes de livros ou comunidades on-line é outra maneira de trocar ideias e aprofundar o entendimento sobre tópicos de interesse.

Definir metas específicas para o que deseja aprender e criar um plano para alcançá-las é fundamental para manter-se focado e motivado. Além disso, ensinar o que você aprende reforça seu próprio conhecimento e ajuda os outros a aprenderem também. Aproveitar a tecnologia por meio de aplicativos, plataformas de e-learning e recursos on-line é uma maneira eficaz de acessar informações e cursos.

Manter-se atualizado sobre as últimas tendências e desenvolvimentos em sua área de interesse, aprendendo com os líderes do setor, é igualmente importante. Por fim, aprender com a experiência e refletir sobre suas próprias vivências e seus erros é uma forma poderosa de autoconhecimento e aprendizado.

Lembre-se de que o aprendizado é uma jornada contínua e gratificante. Nutrir um desejo insaciável por conhecimento não apenas enriquece sua vida, mas também o capacita a enfrentar desafios, crescer pessoal e profissionalmente e contribuir de maneira mais significativa para o mundo ao seu redor.

Imagine-se explorando um vasto mundo de conhecimento, onde cada página de um livro inspirador é uma porta para uma nova descoberta e onde cada participação em um curso ou mentoria é um passo em direção à maestria da liderança. Nessa jornada, você se vê absorvendo as palavras escritas por grandes pensadores, cada linha alimentando sua mente com reflexões profundas e inspiração ilimitada. Cada virada de página é como um salto em direção ao aprimoramento pessoal e profissional.

Além disso, você se encontra em salas de aula virtuais, cercado por colegas ávidos por aprender, e sob a orientação de mentores especializados. Cada lição e discussão é um convite para ampliar seus horizontes e desafiar suas perspectivas. Você não apenas adquire conhecimento, mas também se torna parte de uma comunidade que compartilha paixão por liderança e crescimento.

À medida que você avança nessa jornada de aprendizado constante, percebe que se manter à frente no jogo da liderança não é apenas uma aspiração, mas uma missão de vida. Você está determinado a explorar todas as oportunidades para adquirir conhecimento, porque entende que isso não apenas o torna um líder mais eficaz, mas também o capacita a moldar um futuro de impacto positivo. Cada página lida, cada aula frequentada e cada mentoria abraçada leva-o um passo mais perto desse objetivo e à preparação para enfrentar os desafios da liderança com confiança e excelência.

## Modelo de Diário de Aprendizado

Data:

Descobertas do Dia:

- Novo Conhecimento Adquirido:
  - [Descreva as informações novas que aprendeu hoje.]

Pensamentos e Reflexões:

- O que isso significa para mim?
  - [Escreva como essa nova informação se relaciona com seus interesses ou objetivos pessoais.]

Ideias e Aplicações:

- Como posso aplicar isso na minha vida ou trabalho?
    - [Anote maneiras práticas de aplicar o que aprendeu no seu dia a dia ou em projetos futuros.]

Perguntas e Curiosidades:

- O que mais quero saber sobre este assunto?
    - [Liste perguntas adicionais ou áreas de interesse relacionadas ao novo conhecimento adquirido.]

Próximos Passos:

- O que vou fazer a seguir para aprofundar meu conhecimento?
    - [Planeje as próximas ações para continuar aprendendo sobre este tema.]

Fontes e Referências:

- De onde veio essa informação?
    - [Liste livros, artigos, vídeos ou outros materiais que utilizou para aprender.]

Resumo Diário:

- Resumo das principais aprendizagens do dia:
    - [Escreva um resumo breve das principais ideias e aprendizados do dia.]

Citações Inspiradoras:

- Frases que me inspiraram hoje:
    - [Anote qualquer citação ou pensamento inspirador que encontrou durante seu estudo.]

Reflexão Semanal (opcional):

- O que aprendi esta semana?
    - [Faça um resumo das aprendizagens mais significativas da semana.]

- Como cresci pessoalmente ou profissionalmente?
  - [Reflexão sobre o impacto do novo conhecimento no seu desenvolvimento.]

Metas para a próxima semana:
  - [Defina objetivos de aprendizado para a próxima semana.]

Este modelo de diário pode ser personalizado conforme suas necessidades e preferências, ajudando a consolidar o conhecimento e promover um aprendizado contínuo e estruturado.

## Cronograma para se Tornar uma Esponja Insaciável por Conhecimento e Sair da Zona de Conforto

Caneta e papel na mão! É hora de dar o primeiro passo para se tornar um estudante eterno e sair da zona de conforto. Aqui está um cronograma de ações detalhado para ajudá-lo a seguir o *checklist* para se tornar uma esponja insaciável por conhecimento. Este plano abrange diversas áreas de aprendizado e desenvolvimento, garantindo que você esteja sempre avançando em sua jornada de crescimento pessoal e profissional.

Vamos começar essa transformação e abraçar a aprendizagem contínua!

### Semana 1-2: Adote uma Mentalidade de Estudante Eterno

- Dia 1-2: Faça uma lista de áreas que você gostaria de explorar ou aprender mais.

- Dia 3-4: Reflita sobre suas crenças atuais sobre aprendizado e prepare-se mentalmente para adotar uma mentalidade de estudante eterno.
- Dia 5-7: Estabeleça um ritual diário de 10 minutos para se perguntar: "O que aprendi de novo hoje?".

## Semana 3-4: Diversifique Suas Fontes de Conhecimento

- Dia 1-2: Selecione dois livros para ler, um relacionado à sua área e outro fora de sua especialização.
- Dia 3-4: Pesquise e escolha alguns artigos ou revistas relevantes para ler.
- Dia 5-7: Assista a dois documentários e três palestras TED sobre temas variados.

## Semana 5-6: Participe de Cursos e *Workshops*

- Dia 1-2: Inscreva-se em um curso on-line relevante para sua área ou interesse pessoal.
- Dia 3-4: Pesquise e inscreva-se em um *workshop* ou seminário.
- Dia 5-7: Dedique tempo para assistir às aulas e participar ativamente nos *workshops*.

## Semana 7-8: Busque Mentoria e *Feedback*

- Dia 1-2: Identifique potenciais mentores e entre em contato com pelo menos um.

- Dia 3-4: Solicite *feedback* de dois colegas ou superiores sobre seu desempenho recente.
- Dia 5-7: Agende reuniões regulares com seu mentor e faça uma lista de perguntas para orientar as sessões.

## Semana 9-10: Envolva-se em Comunidades de Prática

- Dia 1-2: Encontre e inscreva-se em um grupo de discussão ou comunidade profissional on-line.
- Dia 3-4: Participe ativamente de discussões, compartilhando suas experiências e aprendendo com os outros.
- Dia 5-7: Conecte-se com, pelo menos, três novos profissionais e troque conhecimentos.

## Semana 11-12: Pratique a Autoavaliação

- Dia 1-2: Reflita sobre seu desempenho e identifique áreas em que pode melhorar. Faça um diário de reflexões sobre seus progressos e desafios.
- Dia 3-4: Defina metas de aprendizagem contínua e crie um plano de ação para alcançá-las. Avalie o que funcionou e o que pode ser ajustado.
- Dia 5-7: Acompanhe seu progresso e ajuste suas metas conforme necessário. Realize uma autoavaliação completa para identificar novos objetivos e áreas de foco.

## Semana 13-14: Saia da Zona de Conforto

- Dia 1-2: Aceite uma tarefa ou projeto que desafie suas habilidades e conhecimentos. Busque algo que esteja fora da sua zona de conforto habitual.
- Dia 3-4: Envolva-se em atividades que exijam aprender algo novo. Experimente uma nova habilidade ou participe de um evento desconhecido.
- Dia 5-7: Documente suas experiências e reflexões sobre sair da zona de conforto. Compartilhe essas experiências com colegas ou em uma comunidade de prática.

## Semana 15-16: Adote a Filosofia de "Não Sei de Nada"

- Dia 1-2: Inspire-se em figuras públicas como Mark Zuckerberg, que enfatizam a importância do aprendizado contínuo. Leia sobre suas abordagens e filosofias.
- Dia 3-4: Pratique a humildade intelectual, reconhecendo que há sempre mais para aprender. Envolva-se em conversas nas quais você pode aprender com os outros.
- Dia 5-7: Mantenha um diário de aprendizado, registrando novas lições e *insights* diários. Reflita sobre como essa mentalidade está impactando sua jornada.

## Semana 17-18: Mantenha-se Atualizado com Tendências e Inovações

- Dia 1-2: Acompanhe blogs, *podcasts* e webinars sobre as últimas tendências e inovações em sua área. Selecione pelo menos três fontes confiáveis para seguir regularmente.
- Dia 3-4: Esteja atento às mudanças e anúncios importantes no seu campo. Participe de discussões on-line sobre essas inovações.
- Dia 5-7: Aplique novos conhecimentos e tendências em seu trabalho ou projetos atuais. Compartilhe suas descobertas com sua equipe ou rede profissional.

## Semana 19-20: Prática de Criatividade e Inovação

- Dia 1-2: Explore maneiras criativas de aplicar novos conhecimentos em seu trabalho. Pense fora da caixa e desenvolva soluções inovadoras.
- Dia 3-4: Experimente novas abordagens e técnicas para resolver problemas. Documente suas experiências e seus resultados.
- Dia 5-7: Participe de sessões de *brainstorming* com colegas ou em grupos de inovação. Compartilhe suas ideias e incentive a troca de perspectivas.

Tornar-se uma esponja insaciável por conhecimento e sair da zona de conforto fazem parte de uma jornada contínua que exige dedicação e uma mentalidade aberta. Ao seguir este cronograma, você estará bem-posicionado para cultivar uma mentalidade de aprendizado constante, diversificar suas fontes de conhecimento, buscar mentoria e *feedback*, envolver-se em comunidades de prática, praticar a autoavaliação e se desafiar constantemente.

Adotar a humildade intelectual, manter-se atualizado com as tendências e praticar a criatividade e inovação são passos cruciais para alcançar seu máximo potencial como líder e profissional. Com essas ações, você não apenas aprimorará suas habilidades, mas também inspirará aqueles ao seu redor a fazerem o mesmo, criando um ambiente de crescimento contínuo e excelência. Seja um estudante eterno e veja como essa mentalidade pode transformar sua carreira e sua vida.

"Abra-se para a eterna jornada
do aprendizado,

mantendo sua mente permanentemente
receptiva aos ensinamentos valiosos que o
mundo tem a oferecer."

Wanderléa Trajano

## Capítulo 6

# *FEEDBACK* E AUTOAVALIAÇÃO

O primeiro passo na jornada do PPM começa com o autoconhecimento. Agora, no capítulo 6, vamos aprofundar ainda mais nesse tema, abordando o *feedback* e a autoavaliação. Esses elementos são como espelhos que refletem nossas imperfeições e áreas de melhoria. Imagine receber *feedback* regularmente, não apenas dos outros, mas também de nós mesmos. Estamos constantemente avaliando nosso desempenho, sempre em busca de maneiras de melhorar.

**Neste sexto capítulo da nossa jornada, adentramos o intrigante universo da 5ª Etapa do PPM, o "Feedback e Autoavaliação".**

Imagine o *feedback* e a autoavaliação como espelhos mágicos que, com honestidade e clareza, refletem não apenas nossas virtudes brilhantes, mas também as áreas sombreadas onde a melhoria é necessária. Nestas páginas, compreenderemos como esses dois elementos são fundamentais para o nosso crescimento como líderes.

Esteja em busca constante de avaliação sobre o seu desempenho, sempre à procura de maneiras de se aprimorar. O *feedback*, vindo de colegas, mentores e equipes, é uma bússola que nos guia na jornada de liderança. Ele nos proporciona percepções valiosas sobre nossas ações, nossa comunicação e nosso impacto sobre os outros. Ouvir atentamente o *feedback* dos outros e abraçá-lo como uma oportunidade de crescimento é um dos pilares da liderança eficaz.

Neste capítulo, aprenderemos também que a autoavaliação é igualmente essencial. Você precisa dedicar um tempo para se autoanalisar, identificar suas próprias fortalezas e fraquezas, reconhecendo os sucessos e as áreas que precisam de aprimoramento. Esta autorreflexão constante é um espelho interior que lhe ajudará a ajustar sua trajetória de liderança.

Ao final deste capítulo, você compreenderá como o *feedback* e a autoavaliação são ferramentas poderosas para moldar sua jornada como líder; estará preparado para utilizar esses espelhos com sabedoria, aproveitando as oportunidades de melhoria e crescimento que eles proporcionam. Este é um capítulo crucial, no qual a autorreflexão e a busca por *feedback* tornam-se as chaves para alcançar seu potencial máximo como líder de valor comprometido com o desenvolvimento contínuo.

## Feedback

Solicitar *feedback* de colegas, mentores e equipe é uma prática essencial para o desenvolvimento pessoal e profissional. Para garantir que o *feedback* seja eficaz e produtivo, existem diversas técnicas e modelos que podem ser adotados.

Uma abordagem direta é simples e eficaz. Você pode dizer algo como: "Gostaria de receber *feedback* sobre o meu desempenho. O que você acha que estou fazendo bem e onde posso melhorar?". Essa solicitação direta permite uma comunicação clara e imediata, facilitando o recebimento de críticas construtivas.

Outra técnica útil é o Modelo de *Feedback* de 360 Graus, que envolve solicitar *feedback* de diversas fontes, incluindo colegas, superiores e subordinados. Você pode perguntar: "Como você me avaliaria em termos de [habilidade X]?" ou "O que posso fazer para melhorar em [área Y]?". Esse modelo proporciona uma visão abrangente do seu desempenho em diferentes contextos.

Ao solicitar *feedback*, ser específico sobre o que você deseja avaliar é fundamental. Por exemplo, "Estou trabalhando na minha habilidade de comunicação. Você pode me dar um *feedback* sobre como me comuniquei durante a última reunião?". Esse tipo de solicitação específica ajuda a direcionar o *feedback* para áreas de interesse particular, tornando-o mais relevante e útil.

Peça aos outros para avaliar seu desempenho em uma escala, como de 1 a 10. Por exemplo, "Em uma escala de 1 a 10, quão eficaz você acha que fui na liderança desta equipe?". Esse método quantitativo pode ajudar a identificar áreas de melhoria de forma objetiva e mensurável.

Perguntas abertas também são eficazes, pois incentivam respostas detalhadas e ponderadas. Questões como "O que você acha que eu poderia fazer de maneira diferente para melhorar nossa colaboração?" ou "Quais são os pontos fortes que você vê em mim como líder?" permitem obter *insights* profundos sobre suas habilidades e áreas a serem desenvolvidas.

Solicitar exemplos concretos para ilustrar o *feedback* pode tornar as críticas mais tangíveis e acionáveis. Por exemplo, "Você poderia compartilhar um momento em que achou que minha liderança teve um impacto positivo na equipe?". Isso ajuda a contextualizar o *feedback* e entender melhor os comportamentos específicos que foram eficazes.

Para garantir *feedback* sincero e aberto, considere a opção de *feedback* anônimo. Isso pode incentivar as pessoas a serem mais francas em suas avaliações, sem o receio de causar constrangimento ou conflito.

Por fim, estabeleça o hábito de solicitar *feedback* regularmente, em vez de apenas ocasionalmente. Isso cria um ambiente de comunicação aberto e contínuo, promovendo um ciclo constante de melhoria e desenvolvimento. Integrar essas práticas ao seu cotidiano pode enriquecer sua jornada de crescimento pessoal e profissional, tornando-o um líder mais eficaz e consciente.

Lembre-se de que o *feedback* é uma via de mão dupla. Quando você solicita *feedback*, também deve estar aberto a recebê-lo com gratidão e disposição para agir sobre ele.

A chave para obter *feedback* eficaz é criar um ambiente de confiança, em que as pessoas se sintam à vontade para compartilhar suas opiniões de maneira honesta e construtiva. Quando você utiliza essas técnicas e esses modelos com empatia e respeito, pode colher os benefícios significativos do *feedback* para o seu crescimento pessoal e profissional.

## Autoavaliação

A autoavaliação é um elemento crucial para o desenvolvimento pessoal e profissional. Para ajudar a implementar essa prática de maneira eficaz, apresentamos, a seguir, algumas técnicas de autoavaliação que podem ser aplicadas para promover um crescimento contínuo e significativo.

Primeiramente, a autoanálise consciente é essencial. Dedique um tempo regularmente para refletir sobre seu desempenho e comportamento, perguntando a si mesmo: "O que fiz bem recentemente?" e "Onde posso melhorar?", Essa prática permite uma avaliação contínua e proativa de suas ações.

A identificação de fortalezas e fraquezas é outro passo crucial. Faça uma lista de suas habilidades e seus traços positivos, reconhecendo também suas áreas de fraqueza. Esse equilíbrio proporciona uma visão completa de onde você se destaca e onde há oportunidades para crescimento.

Uma autorreflexão estruturada pode ser extremamente benéfica. Estabeleça um processo sistemático de reflexão, como a criação de um diário de desenvolvimento pessoal ou o uso de um modelo de avaliação pessoal. Essa estrutura ajuda a organizar e focar seus pensamentos e suas observações.

MÉTODO PPM

Realizar um *feedback* 360 graus pessoal envolve solicitar *feedback* de colegas, mentores e subordinados, proporcionando uma perspectiva diversificada e completa sobre suas habilidades e áreas de melhoria

Com base na autorreflexão, estabeleça metas de desenvolvimento específicas. Definir objetivos claros para trabalhar em suas áreas de melhoria é fundamental para o crescimento contínuo e direcionado.

A avaliação comparativa é outra técnica útil. Compare seu desempenho atual com seus objetivos e metas pessoais para medir seu progresso ao longo do tempo. Essa comparação permite ajustes e reorientações conforme necessário.

Tornar a autoavaliação uma prática regular é vital. Realize-a continuamente, não apenas quando houver problemas evidentes. Isso ajuda a manter um desenvolvimento constante e proativo.

Além disso, é importante comemorar seus sucessos. Reconheça suas realizações e celebre suas vitórias pessoais. Isso mantém a motivação e reforça comportamentos positivos.

Não se limite à autoavaliação. Busque *feedback* externo de fontes confiáveis para obter perspectivas objetivas sobre seu desempenho. Essa prática complementa a autoavaliação e proporciona uma visão mais completa.

A aprendizagem com experiências passadas também é crucial. Analise situações anteriores em sua vida pessoal e profissional para identificar o que funcionou e o que não funcionou, usando essas experiências como aprendizado.

Estabeleça critérios claros para avaliação. Defina padrões objetivos para avaliar seu próprio desempenho e comportamento, criando uma referência consistente e mensurável.

Por fim, crie um sistema de *feedback* de autoavaliação em que você pode registrar suas percepções e conclusões ao longo do tempo.

Esse registro contínuo ajuda a monitorar seu progresso e ajustar suas estratégias conforme necessário.

A autoavaliação é uma ferramenta poderosa para o crescimento pessoal e profissional. Aplicar essas técnicas possibilita uma autoanálise eficaz e construtiva, contribuindo para seu desenvolvimento e sucesso contínuos.

## Autoavaliação crítica

A autoavaliação crítica é uma ferramenta poderosa que nos coloca no controle de nosso próprio desenvolvimento como líderes. Ela desempenha um papel fundamental em nossa jornada de liderança, ajudando-nos de várias maneiras importantes: ao nos autoavaliarmos criticamente, podemos examinar a nós mesmos de maneira honesta e objetiva, identificando fraquezas e pontos fortes. Reconhecer essas áreas é o primeiro passo para o desenvolvimento pessoal e profissional.

Além disso, a autoavaliação nos permite direcionar nosso foco e nossa energia para aprimorar habilidades específicas e melhorar aspectos do nosso estilo de liderança. Celebrar nossos sucessos é igualmente importante, pois mantém a motivação e a autoestima elevadas, inspirando-nos a buscar a excelência continuamente.

Promover uma mentalidade de aprendizado contínuo é outra vantagem da autoavaliação crítica, impulsionando-nos a buscar novos conhecimentos, habilidades e experiências. Isso, por sua vez, nos permite liderar de maneira mais autêntica, alinhando nosso estilo de liderança com nossos valores e princípios pessoais, tornando nossa liderança mais eficaz e inspiradora.

A autoavaliação crítica também nos ajuda a desenvolver resiliência emocional, enfrentando nossas fraquezas e aprendendo a lidar com a crítica construtiva e a superar desafios com confiança. Ela aumenta nossa consciência social, permitindo-nos compreender melhor como nossas ações afetam os outros, tornando-nos líderes mais empáticos e eficazes.

Além disso, torna-nos mais acessíveis a inovar e adaptar, questionando o status quo, buscando novas soluções e ajustando nossas abordagens à medida que aprendemos e evoluímos. Adotar a autoavaliação crítica como parte de nossa jornada de liderança é investir em nosso próprio crescimento e na capacidade de promover mudanças específicas em nosso ambiente de trabalho e em nossa vida, tornando-nos líderes mais eficazes e resilientes.

## O Poder da Autoavaliação Crítica na Liderança e no Desenvolvimento

A autoavaliação crítica é muito mais do que um simples ato de humildade; é um caminho fundamental para o desenvolvimento pessoal e o crescimento contínuo. Ao identificar áreas de melhoria, promover o crescimento pessoal e profissional e fomentar uma mentalidade de aprendizado contínuo, ela nos permite desenvolver resiliência, tomar decisões mais informadas e evoluir constantemente como líderes e indivíduos.

## Mapa Mental para a Autoavaliação Crítica x Processo

Autoavaliação Crítica: Um Caminho para o Desenvolvimento Pessoal e Crescimento Contínuo

1. Identificação de Áreas de Melhoria
- Subtópicos:
  - Reconhecimento de Limitações
  - Avaliação Honesta e Objetiva
  - *Feedback* Construtivo
2. Crescimento Pessoal
- Subtópicos:
  - Desenvolvimento Individual

- Trabalho nas Fraquezas
- Evolução Constante

3. Aprendizado Contínuo
- Subtópicos:
  - Mentalidade de Crescimento
  - Avaliação Constante de Desempenho
  - Adaptação e Abertura para Novos Conhecimentos

4. Aumento da Resiliência
- Subtópicos:
  - Desenvolvimento da Resiliência Emocional
  - Lidar com Críticas Construtivas
  - Superação de Desafios e Contratempos

5. Melhoria na Tomada de Decisão
- Subtópicos:
  - Reflexão sobre Ações Passadas
  - Aprendizado com Erros
  - Tomada de Decisões Mais Informadas

6. Crescimento Profissional
- Subtópicos:
  - Aprimoramento de Habilidades
  - Aumento de Desempenho e Eficácia
  - Desenvolvimento de Liderança e Profissionalismo

## Descrição do Processo de Autoavaliação Crítica

- Identificação de áreas de melhoria: a autoavaliação crítica nos permite identificar áreas específicas que precisam de melhoria, ajudando-nos a reconhecer nossas limitações, o que é essencial para o desenvolvimento pessoal.
- Crescimento pessoal: ao considerar nossas áreas de melhoria, abrimos a porta para o crescimento pessoal. Estar ciente

de nossas fraquezas permite-nos trabalhar nelas e evoluir continuamente como indivíduos.

- Aprendizado contínuo: a autoavaliação crítica promove uma mentalidade de aprendizado contínuo, mantendo-nos constantemente avaliando nosso próprio desempenho e buscando maneiras de melhorar. Isso nos torna mais adaptáveis e abertos à aquisição de novos conhecimentos e habilidades.

- Aumento da resiliência: superar nossas fraquezas por meio da autoavaliação crítica desenvolve nossa resiliência emocional, ensinando-nos a lidar com críticas construtivas e a superar desafios e contratempos com maior capacidade.

- Melhoria na tomada de decisão: refletir sobre nossas ações e decisões passadas nos ajuda a aprender com os erros, permitindo-nos tomar decisões mais informadas e acertadas no futuro.

- Crescimento profissional: além do crescimento pessoal, a autoavaliação crítica é fundamental para o crescimento profissional, aprimorando nossas habilidades, nosso desempenho e eficácia no trabalho e tornando-nos melhores líderes e profissionais.

A autoavaliação crítica é essencial para o crescimento pessoal e profissional dos líderes. Ela identifica áreas de melhoria, fomenta o aprendizado contínuo e fortalece a resiliência emocional, levando a decisões mais informadas e ao aprimoramento das habilidades de liderança. Incorporar essa prática na rotina de liderança é fundamental para o desenvolvimento individual e o sucesso da equipe e da organização.

## A Sabedoria da Humildade e os Limites da Arrogância

Ao longo da jornada da vida, encontramos inúmeras situações que nos desafiam a crescer, aprender e nos adaptar. No entanto, muitas vezes, é a nossa própria arrogância que nos impede de alcançar um entendimento mais profundo e uma perspectiva mais ampla. Mario Sergio Portela nos lembra, com sabedoria, que "a arrogância bloqueia a possibilidade de olhar algo sob diferentes perspectivas".

A afirmação de Portela ressoa profundamente, pois toca em uma verdade fundamental sobre a natureza humana: a tendência de nos fecharmos em nossas próprias ideias e opiniões, ignorando ou rejeitando pontos de vista alternativos. Quando nos tornamos presos à nossa própria arrogância, perdemos a oportunidade de enxergar além das nossas próprias limitações e dos nossos preconceitos.

A arrogância nos cega para a diversidade de experiências e conhecimentos que existem no mundo. Em vez de estarmos abertos ao diálogo e à troca de ideias, fechamo-nos em nossa própria bolha de certezas autoimpostas. Como consequência, perdemos a oportunidade de aprender com os outros, de crescer e de nos tornarmos pessoas mais compassivas e compreensivas.

Além disso, a arrogância nos impede de construir relacionamentos verdadeiramente significativos. Quando nos colocamos em um pedestal de superioridade, afastamos os outros e criamos barreiras entre nós e aqueles ao nosso redor. A verdadeira conexão humana só é possível quando estamos dispostos a nos abrir para os outros, a ouvir suas histórias e a compartilhar suas experiências.

O impacto mais prejudicial da arrogância, porém, é o seu efeito na nossa própria jornada de crescimento pessoal e desenvolvimento. Quando nos fechamos em nossa própria mentalidade estreita, limitamos nosso potencial e impedimo-nos de alcançar novos patamares de entendimento e realização. A verdadeira sabedoria só pode ser alcançada quando estamos dispostos a reconhecer nossa própria ignorância e a abrir nossos corações e mentes para novas possibilidades.

Portanto, a afirmação de Mario Sergio Portela serve como um poderoso lembrete da importância da humildade e da abertura para o crescimento e a transformação. Somente quando abandonamos a arrogância e nos permitimos olhar além de nossas próprias limitações é que podemos verdadeiramente expandir nossos horizontes e alcançar todo o nosso potencial como seres humanos. Que possamos todos nos inspirar nessas palavras sábias e cultivar a humildade em nossas vidas, para que possamos ver além e abraçar o poder da diversidade e da compreensão.

## Autoavaliação Crítica – Enfrentando Limitações e Cultivando a Diversidade

O verdadeiro líder de valor não se esconde atrás de suas próprias limitações, mas as encara de frente. Ser um líder de valor não se resume apenas a liderar, mas também a construir uma equipe que possa complementar suas próprias habilidades. Um líder que compreende que não é bom em tudo e procura profissionais com conjuntos de habilidades complementares é um líder que está destinado a alcançar o sucesso.

A força de um líder não está apenas em suas habilidades, mas na capacidade de reconhecer onde precisa de apoio. Isso é humildade, não fraqueza. E ao buscar colaboradores que preencham essas lacunas, ele constrói equipes verdadeiramente poderosas, em que a diversidade de talentos é a chave do sucesso.

Um dos primeiros passos para um líder de valor é avaliar criticamente suas próprias limitações. Todos têm pontos fortes e fracos, e a maturidade de um líder é medida pela capacidade de reconhecer onde suas habilidades estão faltando. Esse reconhecimento reflete não apenas humildade, mas também demonstra uma profunda compreensão do autoconhecimento. Um líder que se autoavalia regularmente inspira e motiva a equipe a seguir seu exemplo, enfrentando desafios e evoluindo continuamente.

Após considerar suas limitações, um líder de valor procura membros da equipe que possam preencher essas lacunas. Eles não têm medo de contratar ou colaborar com pessoas que possuam habilidades que eles próprios não têm. Essa diversidade de habilidades é uma das maiores forças de uma equipe de alto desempenho.

A diversidade de habilidades em uma equipe traz benefícios consideráveis. Primeiramente, ela promove a inovação. Quando pessoas com diferentes conhecimentos e habilidades trabalham juntas, surgem novas ideias e abordagens, impulsionando a criatividade e a resolução de problemas.

Em segundo lugar, a diversidade de habilidades torna a equipe mais versátil, capaz de se adaptar a uma variedade de desafios e situações, aumentando a eficiência operacional. Um líder de valor sabe que, por mais que se esforce, não conseguirá fazer tudo sozinho.

Em terceiro lugar, a diversidade de habilidades fortalece o aprendizado contínuo. Os membros da equipe podem compartilhar conhecimento e treinar uns aos outros, promovendo o crescimento profissional de todos.

Claro, a diversidade de habilidades também pode trazer desafios, como conflitos de personalidade e diferenças na abordagem de tarefas. No entanto, um líder de valor é capaz de gerir esses conflitos de forma construtiva. Ele promove um ambiente onde as diferenças são respeitadas e os desafios são vistos como oportunidades de crescimento.

A liderança de valor não se trata apenas de ser um líder forte, mas de criar equipes fortes. Ao reconhecer que ninguém é bom em tudo e que o verdadeiro poder está na colaboração, os líderes de valor transformam organizações e alcançam níveis de sucesso que não seriam possíveis de outra forma.

Reconhecer o caminho para o sucesso envolve a aceitação das próprias limitações e a valorização da diversidade de habilidades dentro da equipe. Essa abordagem é fundamental para uma liderança eficaz e o desenvolvimento de líderes verdadeiramente valiosos.

## Transformando o Feedback e a Autoavaliação em Ações Concretas

Neste sexto capítulo da nossa jornada da PPM, adentramos o intrigante universo do *"Feedback* e Autoavaliação". Nestas páginas, compreenderemos como esses dois elementos são fundamentais para o nosso crescimento como líderes.

Para trabalhar de forma prática e obter resultados concretos a partir do *feedback* e da autoavaliação, siga os passos seguintes. Suponhamos que você tenha identificado um ponto de melhoria que lhe incomoda: a tendência é interromper os outros durante as reuniões.

### Passo 1: Identificação e Aceitação

- Autoavaliação: reflita honestamente sobre o comportamento identificado. Reconheça como essa atitude pode impactar negativamente a dinâmica da equipe e a comunicação.
  - Exemplo: "Percebo que tenho o hábito de interromper meus colegas durante as reuniões, o que pode fazer com que se sintam desrespeitados e desvalorizados."
- *Feedback*: solicite *feedback* específico de colegas e mentores sobre esse comportamento.
  - Exemplo: "Eu gostaria de saber se vocês percebem que eu interrompo os outros durante as reuniões e como isso impacta a dinâmica da nossa equipe."

## Passo 2: Definição de Objetivos e Planejamento

- Estabeleça metas claras: defina metas específicas e mensuráveis para mudar esse comportamento.
  - Exemplo: "Meu objetivo é reduzir significativamente as interrupções nas reuniões, permitindo que cada colega conclua suas falas antes de eu intervir."
- Planeje ações concretas: crie um plano detalhado para alcançar suas metas.
  - Exemplo: "Vou anotar pontos que quero discutir em vez de interromper e vou praticar a escuta ativa, esperando até que meu colega termine antes de falar."

## Passo 3: Implementação e Prática

- Aplicação nas reuniões: comece a implementar seu plano durante as reuniões.
  - Exemplo: "Durante a próxima reunião, vou me concentrar em ouvir atentamente e anotar minhas perguntas ou comentários para discutir após a fala de cada colega."
- Busca de *feedback* contínuo: peça *feedback* regular dos colegas sobre seu progresso.
  - Exemplo: "Após a reunião, vou pedir a um colega de confiança que me dê *feedback* sobre minha tentativa de evitar interrupções."

## Passo 4: Reflexão e Ajustes

- Autoavaliação regular: reflita regularmente sobre seu progresso e ajuste seu plano conforme necessário.

- Exemplo: "No final de cada semana, vou refletir sobre meu comportamento nas reuniões e ajustar minhas estratégias se perceber que ainda estou interrompendo."
- Celebração de sucessos: reconheça e celebre as melhorias, por menores que sejam.
  - Exemplo: "Notei que consegui evitar interrupções em três reuniões consecutivas. Vou comemorar essa conquista e continuar me esforçando para manter essa prática."

## Passo 5: Sustentação e Desenvolvimento Contínuo

- Integre o novo comportamento: continue praticando até que o novo comportamento se torne um hábito natural.
  - Exemplo: "Vou continuar aplicando minhas estratégias em todas as reuniões e buscar *feedback* periódico para garantir que o comportamento positivo esteja consolidado."
- Expanda para outras áreas: use o sucesso nesta área como um trampolim para abordar outras áreas de melhoria identificadas na autoavaliação e no *feedback*.
  - Exemplo: "Agora que melhorei minha escuta ativa, vou focar em desenvolver melhores habilidades de mediação de conflitos dentro da equipe."

Ao adotar essas práticas, você transforma o *feedback* e a autoavaliação em ferramentas poderosas para o desenvolvimento contínuo. Lembre-se de que a mudança de comportamento é um processo gradual e que a perseverança é crucial. Com dedicação e compromisso, você não apenas melhorará suas habilidades de liderança, mas também criará um ambiente de trabalho mais positivo e colaborativo.

"Imagine o *feedback* e a autoavaliação como espelhos mágicos que,

com honestidade e clareza,

refletem não apenas nossas virtudes aprimoradas, mas também as áreas sombreadas em que a melhoria é necessária."

Wanderléa Trajano

# Capítulo 7

# COMPARTILHAR CONHECIMENTO

Mais uma etapa da nossa jornada da PPM mostra-nos que compartilhar conhecimento é um ato de generosidade. Imagine um ambiente onde todos aprendem uns com os outros e crescem juntos. Precisamos estar dispostos a compartilhar nossas experiências e lições aprendidas, inspirando outros a fazerem o mesmo.

**No sétimo capítulo da nossa jornada da PPM, exploraremos a poderosa prática do "Compartilhar Conhecimento".**

O ato de compartilhar conhecimento é um ato de generosidade, uma luz que ilumina não apenas o caminho daquele que compartilha, mas também o daqueles que recebem esse conhecimento. Neste capítulo, entenderemos como essa ação transcendente cria um ambiente de aprendizado mútuo, onde todos crescem juntos.

Visualize um espaço onde a cultura de compartilhamento de conhecimento é um pilar fundamental. Estamos dispostos a abrir nossos tesouros de experiência e lições aprendidas, prontos para inspirar outros a fazerem o mesmo. Essa troca constante de sabedoria cria uma sinergia poderosa, em que o aprendizado se torna um processo coletivo e contínuo.

Compartilhar conhecimento não apenas fortalece o grupo, mas também o próprio líder. Seja uma fonte inesgotável de inspiração, ajudando sua equipe a crescer, aprimorando suas habilidades e desafiando-a a alcançar seu potencial máximo. À medida que compartilhamos nosso conhecimento, nutrimos um ciclo virtuoso de desenvolvimento, em que o aprendizado é perene e a evolução é constante.

Neste capítulo, exploraremos estratégias e práticas para incorporar o compartilhamento de conhecimento em nossa jornada de liderança. Este é um capítulo que celebra a generosidade intelectual, em que todos são convidados a participar da construção de uma comunidade de aprendizado colaborativo.

Ao final deste capítulo, você compreenderá como o ato de compartilhar conhecimento não apenas enriquece sua própria jornada como líder, mas também eleva todo o grupo a patamares de sucesso que jamais seriam alcançados de outra forma. Este é o capítulo da conexão, da colaboração e da inspiração mútua, cuja busca pelo conhecimento é uma jornada que todos compartilham.

Vamos explorar estratégias e práticas para incorporar o compartilhamento de conhecimento em nossa jornada de liderança.

## Introdução ao Projeto: Líder de Valor – Compartilhamento de Conhecimento

No mundo dinâmico e em constante evolução dos negócios, a capacidade de compartilhar conhecimento de forma eficaz é um diferencial crucial para qualquer líder. O projeto "Líder de Valor – Compartilhamento de Conhecimento" foi criado para capacitar líderes a superar dificuldades no compartilhamento de informações valiosas com seus liderados, promovendo um ambiente de aprendizagem contínua e crescimento.

Este projeto tem como objetivo transformar líderes em verdadeiros facilitadores de conhecimento, adotando estratégias e práticas que fomentem a cultura de colaboração e inovação. Ao compartilhar conhecimento, os líderes não apenas elevam suas próprias habilidades, mas também capacitam suas equipes a alcançar níveis mais altos de sucesso e desenvolvimento.

Ao longo deste projeto, apresentaremos uma série de estratégias e práticas detalhadas para incorporar o compartilhamento de conhecimento em sua jornada de liderança. Desde a criação de uma cultura de compartilhamento até a implementação de programas de mentoria e a promoção da aprendizagem entre pares, este projeto oferece um roteiro claro e prático para se tornar um líder de valor que inspira e capacita sua equipe.

Vamos juntos embarcar nesta jornada, transformando a maneira como lideramos e promovemos o conhecimento, construindo um ambiente em que a aprendizagem contínua e a inovação são a base do sucesso coletivo.

## Projeto: Líder de Valor – Compartilhamento de Conhecimento

**Objetivo:** Capacitar líderes a incorporar práticas de compartilhamento de conhecimento em suas jornadas, promovendo um ambiente de aprendizagem contínua e crescimento para toda a equipe.

**Visão Geral:** Este projeto visa a transformar líderes em facilitadores de conhecimento, superando a dificuldade de compartilhar informações valiosas com seus liderados. Ao adotar estratégias e práticas eficazes, os líderes podem fomentar uma cultura de colaboração e inovação.

**Estratégias e Práticas:**

- Cultivar uma Cultura de Compartilhamento:
  - Ação: crie um ambiente que valorize e incentive a partilha de conhecimento.
  - Exemplo: compartilhe regularmente seu próprio conhecimento e incentive outros a fazerem o mesmo.

- Estabelecer Plataformas e Ferramentas de Compartilhamento:
  - Ação: utilize ferramentas de colaboração como Google Drive, Microsoft Teams ou intranets.
  - Exemplo: configure uma pasta compartilhada para documentos e recursos da equipe.
- Criar Programas de Mentoria:
  - Ação: estabeleça programas de mentoria, em que líderes mais experientes compartilhem seu conhecimento.
  - Exemplo: pareie membros seniores com juniores para sessões regulares de mentoria.
- Realizar Reuniões de Compartilhamento de Conhecimento:
  - Ação: dedique tempo nas reuniões para compartilhar *insights* e melhores práticas.
  - Exemplo: reserve 10 minutos em cada reunião para um membro da equipe apresentar uma lição aprendida.
- Promover a Aprendizagem entre Pares:
  - Ação: incentive os membros da equipe a aprenderem uns com os outros.
  - Exemplo: organize grupos de estudo ou sessões de aprendizagem em grupo.
- Reconhecer e Recompensar o Compartilhamento de Conhecimento:
  - Ação: reconheça publicamente e recompense os esforços de compartilhamento.
  - Exemplo: ofereça incentivos financeiros ou premiações para os melhores colaboradores de conhecimento.
- Documentar Processos e Melhores Práticas:
  - Ação: crie um repositório acessível de processos, procedimentos e melhores práticas.

- Exemplo: utilize uma intranet para armazenar e organizar a documentação.
- Promover a Diversidade de Perspectivas:
  - Ação: incentive a partilha de conhecimentos de diferentes origens e experiências.
  - Exemplo: realize sessões de *brainstorming* com equipes diversificadas.
- Encorajar Perguntas e Curiosidade:
  - Ação: crie um ambiente em que perguntas sejam valorizadas.
  - Exemplo: tenha um quadro de perguntas no qual os membros da equipe podem escrever suas dúvidas.
- Avaliar o Impacto do Compartilhamento de Conhecimento:
  - Ação: avalie regularmente como o compartilhamento de conhecimento impacta a equipe.
  - Exemplo: realize pesquisas de *feedback* e use os resultados para melhorar as práticas de compartilhamento.
- Definir Objetivos de Compartilhamento de Conhecimento:
  - Ação: estabeleça metas específicas para o compartilhamento de conhecimento.
  - Exemplo: defina uma meta mensal para o número de sessões de compartilhamento de conhecimento.
- Fomentar a Inovação:
  - Ação: encoraje o compartilhamento de ideias inovadoras.
  - Exemplo: organize maratonas de inovação internos ou competições de ideias.
- Aprender com o Fracasso:
  - Ação: analise e aprenda com os fracassos.

- Exemplo: realize reuniões pós-morte para discutir o que deu errado e como melhorar.

**Implementação:**
- Planejamento:
  - Defina um cronograma para a implementação de cada estratégia.
  - Identifique os recursos necessários e delegue responsabilidades.
- Execução:
  - Comece com pequenas ações e expanda conforme os processos se solidificam.
  - Monitore continuamente o progresso e ajuste conforme necessário.
- Avaliação:
  - Realize avaliações periódicas para medir o impacto das estratégias adotadas.
  - Ajuste as práticas com base no *feedback* recebido.

**Parecer Final:**

Ao implementar este projeto, você transformará o compartilhamento de conhecimento em uma prática-padrão dentro da sua equipe. Isso não apenas elevará o nível de competência e inovação, mas também criará um ambiente de trabalho mais colaborativo e motivador. Como líder de valor, seu compromisso com a aprendizagem contínua, e o compartilhamento de conhecimento inspirará sua equipe a alcançar novos patamares de sucesso e desenvolvimento.

# O Poder Transformador do Compartilhamento de Conhecimento na Liderança

Líderes de valor eficazes reconhecem que o compartilhamento de conhecimento é uma ferramenta poderosa para promover crescimento e inovação. Adotar estratégias que incentivem a disseminação de informações cria um ambiente de liderança que valoriza a aprendizagem contínua e capacita a equipe a alcançar seu máximo potencial.

Compartilhar conhecimento não é apenas benéfico para o próprio líder de valor, mas também eleva todo o grupo a patamares de sucesso que seriam difíceis de alcançar de outra forma. Empresas como Google e Pixar são exemplos notáveis de organizações que fomentam uma cultura de compartilhamento de conhecimento, resultando em ambientes altamente inovadores e produtivos. Líderes como Satya Nadella, da Microsoft, têm promovido uma cultura de aprendizado contínuo, em que o conhecimento é compartilhado abertamente para impulsionar o crescimento e a inovação.

A afirmação sobre Satya Nadella promovendo uma cultura de aprendizado contínuo na Microsoft é amplamente baseada em declarações públicas e práticas implementadas sob sua liderança. Desde que se tornou CEO em 2014, Nadella enfatizou a importância de uma cultura de aprendizado e inovação na Microsoft, o que pode ser observado em suas várias entrevistas, discursos e mudanças estratégicas na empresa.

Por exemplo, em seu livro *Hit Refresh*, Nadella discute como trabalhou para transformar a cultura da Microsoft em uma organização mais colaborativa e orientada para o aprendizado contínuo. Além disso, várias entrevistas e artigos de notícias destacam como ele incentivou uma mentalidade de *"growth mindset"* (mentalidade de crescimento), inspirada pela psicóloga Carol Dweck, para promover uma cultura de aprendizado e desenvolvimento contínuo.

Assim, a base para essa afirmação vem de uma combinação de fontes que incluem declarações públicas, publicações da Microsoft e a análise de especialistas sobre as mudanças culturais na empresa sob a liderança de Nadella.

## Superando o Medo de Perder o Lugar

Um dos desafios que muitos líderes enfrentam é o medo de compartilhar seus conhecimentos e, consequentemente, perder seu lugar na empresa. Essa insegurança pode ser uma barreira significativa para o crescimento tanto do líder quanto da equipe. No entanto, é essencial entender que, quando mais se ensina, mais se aprende. A bagagem de conhecimento acumulada por um líder de valor ao longo de sua carreira é única e intransferível.

Quando um líder compartilha seu conhecimento, ele não apenas fortalece a equipe, mas também solidifica sua própria compreensão e seu domínio do assunto. Esse processo de ensinar e aprender é cíclico e mutuamente benéfico. Além disso, a habilidade de ensinar e capacitar os outros é uma qualidade altamente valorizada nas organizações modernas. Líderes de valor que podem desenvolver talentos e construir equipes fortes são frequentemente vistos como ainda mais indispensáveis.

Tomemos como exemplo líderes como Bill Gates, que sempre valorizou o compartilhamento de conhecimento e capacitação dos outros. Gates não apenas fundou a Microsoft, mas também investiu em inúmeros projetos educacionais e filantrópicos, entendendo que o conhecimento partilhado é um multiplicador de sucesso.

Em essência, quem ensina soma, e não diminui. A generosidade em compartilhar conhecimento não apenas enriquece a equipe, mas também eleva o próprio líder. A confiança em que seu valor não diminui ao compartilhar, mas se multiplica, é fundamental para superar o medo de perder o lugar. Quando um líder ensina, ele não só preserva sua relevância, mas também se destaca como um facilitador do crescimento e da inovação dentro da organização.

Portanto, ao abraçar o compartilhamento de conhecimento, os líderes garantem que sua bagagem única de experiências e habilidades continua a ser valorizada e procurada, fortalecendo tanto sua posição quanto a de sua equipe e organização como um todo.

"Os líderes evidenciam com destaque,

num gesto de grande valor,

que compartilhar conhecimento é como um farol,

capacitando a equipe para triunfar juntos."

Wanderléa Trajano

# Capítulo 8

# RESILIÊNCIA E PERSISTÊNCIA

A estrada da liderança é sinuosa, com curvas e obstáculos. Imagine enfrentar adversidades e não desistir. Somos persistentes, mantendo nosso foco em nossos objetivos e inspirando nossa equipe a seguir o exemplo.

**Neste capítulo, abordaremos a sétima etapa do Método PPM e entraremos na fascinante dimensão da "Resiliência e Persistência".**

Visualize a estrada da liderança como uma trilha sinuosa, repleta de curvas inesperadas e obstáculos desafiadores. Imagine-se enfrentando adversidades que, em momentos de fraqueza, parecem insuperáveis. No entanto, neste capítulo, aprenderemos que somos líderes resilientes, moldados pela determinação e coragem.

Mantenha uma imagem de líderes que não se curvam diante das dificuldades, que não desistem diante dos obstáculos. Somos persistentes, com nossos olhos firmemente fixos em nossos objetivos. Imagine o impacto inspirador que isso tem sobre nossa equipe, um farol de esperança e motivação que os incentiva a seguir nosso exemplo.

A resiliência nos permite enfrentar os momentos difíceis com coragem e determinação, abraçar as oportunidades para crescer e evoluir. Visualize-se superando os desafios, não importando o quão árduos eles podem ser, e emergindo mais fortes do outro lado.

Neste capítulo, exploraremos as estratégias e técnicas que os líderes resilientes utilizam para enfrentar as adversidades e perseverar na direção aos seus objetivos. É um capítulo que celebra a força interior que todos possuímos e que pode ser uma fonte de nosso sucesso como líderes.

No final deste capítulo, você compreenderá como a resiliência e a persistência não são apenas traços admiráveis, mas habilidades essenciais para enfrentar os desafios da liderança. Este é o capítulo da superação, em que cada obstáculo se torna uma oportunidade de crescimento, e cada derrota é apenas um passo em direção à vitória final.

## Estratégias para Desenvolver Resiliência na Liderança

Líderes de valor resilientes demonstram uma capacidade extraordinária de enfrentar adversidades, superar desafios e perseverar na direção de seus objetivos. A resiliência é uma característica vital que permite aos líderes não apenas sobreviverem em tempos difíceis, mas também prosperarem. Este artigo explora algumas estratégias e técnicas que líderes resilientes utilizam para desenvolver e manter sua resiliência, garantindo que estejam sempre prontos para enfrentar qualquer obstáculo que surja em seu caminho.

Estratégias para Desenvolver Resiliência

- Desenvolvimento da autoconsciência: líderes resilientes são autoconscientes e compreendem suas próprias forças, fraquezas, emoções e reações ao estresse. Isso ajuda a tomar decisões informadas e a gerenciar suas respostas às adversidades.
- Práticas de gerenciamento de estresse: eles praticam técnicas de gerenciamento de estresse, como meditação, exercícios físicos, ioga ou respiração profunda, para manter o equilíbrio emocional durante períodos difíceis.

- Manutenção de relacionamentos fortes: construir relacionamentos fortes com colegas, amigos, mentores e familiares oferece apoio emocional durante momentos difíceis. Líderes resilientes buscam esse apoio.

- Resolução de problemas eficaz: eles se concentram na resolução de problemas, quebrando desafios complexos em etapas gerenciáveis e definindo estratégias para superá-los.

- Flexibilidade e adaptabilidade: líderes resilientes são flexíveis e adaptáveis. Eles podem ajustar planos e estratégias quando necessário, para se adequar às situações em constante mudança.

- Definição de objetivos claros: ter objetivos claros e mensuráveis ajuda a manter o foco e a direção, mesmo quando as coisas ficam difíceis. Isso fornece um senso de propósito e motivação.

- Aceitação da mudança como parte da vida: eles aceitam que a mudança é uma parte significativa da vida e se concentram em como se adaptar e crescer a partir dela.

- Aprendizado com a experiência: líderes resilientes veem os desafios como oportunidades de aprendizado. Eles analisam suas experiências, identificam lições aprendidas e aplicam essas lições no futuro.

- Construção de redes de apoio: além de relacionamentos pessoais, eles constroem redes de profissionais de apoio, como grupos de mentoria ou comunidades de liderança, em que podem compartilhar experiências e obter conselhos.

Essas estratégias e técnicas são essenciais para qualquer líder que deseja desenvolver e manter a resiliência. Elas não apenas ajudam a enfrentar e superar os desafios, mas também fortalecem a capacidade de liderar com eficácia em tempos de incerteza e mudança.

## O Líder de Valor e sua Maestria em Resiliência e Persistência na Liderança

A resiliência e a persistência não são apenas traços admiráveis, mas habilidades essenciais para enfrentar os desafios da liderança por várias razões. Adversidades são inevitáveis em qualquer jornada de liderança, e essas qualidades são cruciais para superar obstáculos e continuar avançando. Por exemplo, líderes como Elon Musk enfrentaram inúmeros contratempos com Tesla e SpaceX, mas sua resiliência e persistência foram fundamentais para alcançar o sucesso.

Como líder, você serve como modelo para sua equipe. Demonstrar resiliência e persistência inspira e motiva os outros, criando uma cultura de resiliência na organização. Além disso, essas qualidades ajudam na tomada de decisões sob pressão, permitindo que você mantenha a calma e continue trabalhando em direção a uma solução, mesmo quando as situações parecem impossíveis.

Os desafios oferecem oportunidades valiosas de aprendizado. A resiliência permite enfrentar adversidades e transformá-las em lições úteis para o futuro, enquanto a persistência garante que você supere obstáculos e colha os frutos desse aprendizado. A inovação e a criatividade também são impulsionadas pela persistência, já que líderes resilientes estão dispostos a explorar novas abordagens e pensar fora da caixa para superar desafios.

Cumprir metas e objetivos, muitas vezes, exige um esforço contínuo, e a persistência mantém você focado e determinado a alcançá-los, independentemente dos obstáculos. A resiliência e a persistência geram respeito e confiança da equipe, pois os membros sabem que podem contar com um líder que não desiste facilmente. Muitos líderes bem-sucedidos atribuem seu sucesso a essas qualidades, fundamentais para alcançar metas de longo prazo.

A resiliência e a persistência também fazem parte de uma liderança inspiradora, mostrando seu comprometimento com a visão e disposição para enfrentar desafios. Isso tem um impacto positivo na organização, ajudando a superar crises e enfrentar mudanças significativas com determinação e confiança.

Em suma, a resiliência e a persistência são habilidades essenciais para líderes de valor, pois permitem enfrentar adversidades, lidar com confiança e alcançar metas de longo prazo. São qualidades que inspiram outros, moldam a cultura organizacional e são fundamentais para o sucesso sustentável na liderança.

## Depoimento do Autor: Reflexão sobre Valores, Resiliência e Persistência

Um dos capítulos anteriores abordou o tema dos valores pessoais. Agora, ao apresentar mais uma etapa do PPM – Resiliência e Persistência, desejo compartilhar um momento de reflexão da minha carreira como líder de valor. Em determinado momento da minha trajetória profissional, senti-me sem motivação e com minha criatividade bastante abalada, apesar de continuar apresentando resultados para a empresa. Decidi, então, procurar uma empresa de recolocação com a qual já havia trabalhado anteriormente.

Durante esse processo, refiz meu DISC, e a empresa comparou os resultados atuais com os anteriores. Foi notório que os resultados estavam muito diferentes. Minha resiliência e persistência estavam tão fortes que, apesar de continuar entregando resultados, eu me afastava cada vez mais da minha essência. Isso afetou significativamente minha saúde mental e física.

Transmito essa reflexão porque acredito que há momentos em que desistir é a melhor opção. Quando nos afastamos muito da nossa essência e nossos valores pessoais entram em conflito com o que é exigido de nós, é importante avaliar a causa e os efeitos; se tudo realmente vale a pena ou não. Por isso, não posso deixar de expressar esse outro lado: sim, há momentos em que é melhor desistir e buscar novos projetos, seja no âmbito profissional, seja no pessoal.

## O Equilíbrio entre Paciência e Ação

A frase "Às vezes, é necessário mudar o curso. Paciência nem sempre é a resposta mais adequada" destaca a importância de reconhecer que a paciência não é a solução para todos os desafios da vida. Embora frequentemente vista como uma virtude valiosa, a paciência pode, em certos casos, levar à estagnação ou à perda de oportunidades, se aplicada de forma passiva.

A vida é repleta de momentos que exigem decisões ativas e mudanças de direção para alcançar nossos objetivos. Persistir na mesma trajetória, mesmo quando não está nos conduzindo na direção desejada, transforma a paciência em inércia. Nessas situações, agir e mudar de rumo são atitudes mais apropriadas.

Isso não significa que a paciência seja dispensável. Ela é crucial para suportar desafios, superar obstáculos e permitir que as coisas amadureçam com o tempo. No entanto, a frase nos lembra que a paciência não deve servir como desculpa para a inatividade ou a complacência.

Para equilibrar paciência e ação, é essencial avaliar cuidadosamente as circunstâncias e os objetivos em questão. Há momentos em que esperar é a melhor escolha, permitindo que os eventos se desdobrem naturalmente. Em outros, a ação proativa é necessária para direcionar nossas vidas na direção desejada.

A frase sublinha a necessidade de sabedoria e discernimento para saber quando ser paciente e quando tomar medidas. Essa habilidade é fundamental para alcançar objetivos, manter a produtividade e, ao mesmo tempo, encontrar tempo para o que realmente importa em nossas vidas. É um lembrete de que o equilíbrio entre paciência e ação é uma chave para o sucesso e a realização pessoal.

## Conclusão: O Equilíbrio Essencial entre Resiliência, Persistência e Paciência na Liderança

Você, leitor, teve aqui *insights* valiosos sobre os temas abordados. A estrada da liderança é sinuosa, repleta de curvas e obstáculos. Enfrentar adversidades e não desistir é a marca de um líder de valor resiliente. A persistência nos mantém focados em nossos objetivos, inspirando nossa equipe a seguir o exemplo e a enfrentar os desafios com determinação. No entanto, é igualmente importante reconhecer que a paciência, embora vital, deve ser equilibrada com a capacidade de discernir o momento certo para mudar o curso da jornada.

A verdadeira maestria na liderança está em saber quando perseverar e quando adaptar nossas estratégias. Ser paciente não significa esperar passivamente, mas, sim, avaliar continuamente nossas circunstâncias e ajustar nossas ações conforme necessário. Esse equilíbrio entre resiliência, persistência e a sabedoria de mudar de direção quando necessário é essencial para alcançar o sucesso sustentável.

Ao concluirmos este capítulo, lembre-se de que a resiliência e a persistência, combinadas com a paciência estratégica, não apenas nos capacitam a superar obstáculos, mas também nos guiam em direção a um crescimento contínuo e ao sucesso duradouro. Liderar com essas qualidades inspira nossa equipe a seguir nosso exemplo, criando uma cultura de força, adaptabilidade e progresso constante.

"Na jornada da liderança, a resiliência e
persistência
São as asas que nos permitem voar sobre
os desafios,
Transformando obstáculos em degraus para
o sucesso.
Mas, em certos momentos de pro-
funda reflexão,
Desistir também pode ser uma sábia opção,
Quando nos afastamos da nossa verda-
deira essência,
E os valores pessoais entram em contradição.
Assim, com coragem e discernimento,
Escolhemos o caminho que alimenta o nosso
crescimento."

Wanderléa Trajano

# Capítulo 9

# CELEBRAR CONQUISTAS

Líderes de valor sabem a importância de celebrar tanto suas próprias conquistas quanto as de seus liderados. Reconhecer cada marco e cada vitória, por menor que seja, é fundamental. A gratidão e o reconhecimento não apenas alimentam nossa motivação, mas também a de nossa equipe, mantendo a positividade e fortalecendo o espírito coletivo. Neste capítulo, exploraremos como a celebração de conquistas pode impulsionar o desempenho e criar um ambiente de trabalho mais harmonioso e produtivo.

**No nono capítulo de nossa jornada de liderança, entramos no território luminoso de "Celebrar Conquistas".**

Visualize líderes de valor que têm o hábito de consideração e celebram cada conquista, não importa quão pequena ela possa parecer. Imagine o poder da gratidão e do reconhecimento, alimentando a motivação de todos e mantendo um ambiente carregado de positividade.

A jornada da liderança é repleta de desafios e obstáculos, e, às vezes, podemos perder nas lutas diárias. Mas, neste capítulo, aprenderemos a levantar a cabeça e enxergar as vitórias, mesmo as mais modestas, como marcos importantes ao longo do caminho.

Visualize a sensação de realização e alegria, quando confirmamos o progresso feito e celebramos as metas alcançadas e os obstáculos superados. Essa celebração não é apenas uma pausa merecida, mas também um estímulo poderoso para continuar avançando.

Neste capítulo, exploraremos a arte de celebrar conquistas, não apenas como um gesto simbólico, mas como uma parte vital para nosso crescimento como líderes de valor. Descobriremos como a celebração não só fortalece o espírito da equipe, mas também reforça nosso compromisso com nossos objetivos.

No final deste capítulo, você entenderá como a gratidão e o reconhecimento não apenas alimentam sua própria motivação, mas também criam um ambiente de trabalho onde todos se sintam valorizados e inspirados. Este é o capítulo da positividade e da celebração, em que cada vitória é um lembrete de que estamos no caminho certo para alcançar nosso potencial máximo como líderes de valor.

Exploraremos a arte de celebrar conquistas, já que ela não é apenas como um gesto simbólico, mas como uma parte vital para nosso crescimento como líderes.

## A Importância de Celebrar Conquistas na Liderança

Explorar a arte de celebrar conquistas vai além de um gesto simbólico; é uma parte vital para o crescimento como líderes de valor. Reconhecer marcos e vitórias, por menores que sejam, é essencial para alimentar a motivação e a positividade de toda a equipe. A força interior é um recurso valioso na jornada de liderança, e celebrar conquistas ajuda a reforçar essa força.

Líderes que possuem resiliência e determinação são mais capazes de enfrentar adversidades e superar desafios. Por exemplo, um gerente que celebra as pequenas vitórias da equipe durante um projeto difícil mantém todos motivados e focados, transformando obstáculos em oportunidades de aprendizado. Isso cria um ambiente onde a autenticidade e a integridade são valorizadas, fortalecendo a confiança e o respeito dentro da equipe.

A força interior dos líderes de valor é construída sobre o autoconhecimento e o autocontrole. Líderes que entendem suas próprias motivações e limitações conseguem exercer maior controle sobre si mesmos em situações desafiadoras. Em uma empresa de tecnologia, por exemplo, um líder que mantém a calma e toma decisões ponderadas durante um período de crise inspira confiança em toda a equipe.

Além disso, a celebração de conquistas ajuda os líderes de valor a se adaptarem à mudança com mais facilidade. Em um mundo em constante evolução, a capacidade de se ajustar às novas situações e liderar com confiança é fundamental. Empresas que reconhecem e celebram as adaptações bem-sucedidas de suas equipes durante transições complexas criam uma cultura de resiliência e inovação.

Líderes de valor com força interior visível servem de inspiração para suas equipes, mostrando que é possível enfrentar dificuldades com coragem e determinação. Isso motiva os outros a fazerem o mesmo, criando um ambiente de trabalho mais coeso e produtivo. Um exemplo prático é um líder de vendas que celebra as metas alcançadas, incentivando a equipe a persistir, mesmo em mercados difíceis.

A celebração de conquistas também alimenta o crescimento pessoal e profissional contínuo. Líderes que buscam melhorar constantemente a si mesmos e desenvolver suas habilidades são mais aptos a alcançar o sucesso a longo prazo. Ao celebrar o aprendizado e a adaptação de suas equipes, líderes reforçam a importância do desenvolvimento contínuo.

Assim, podemos ver que a força interior é uma característica fundamental para líderes de sucesso. Ela não apenas ajuda a enfrentar desafios, mas também capacita a liderança com empatia e determinação. Celebrar e cultivar essa força interior é um passo crucial na jornada de liderança, pois se torna uma fonte de inspiração e realização tanto para o líder quanto para aqueles que o seguem. A prática de celebrar conquistas resulta em um ambiente de trabalho mais positivo e produtivo, onde todos se sentem valorizados e motivados a alcançar resultados duradouros.

## O Poder da Gratidão e do Reconhecimento no Ambiente de Trabalho

A gratidão e o reconhecimento desempenham um papel fundamental no ambiente de trabalho, não apenas alimentando a motivação individual, mas também criando uma cultura organizacional em que todos se sentem valorizados e inspirados. A seguir, estão maneiras pelas quais esses elementos são essenciais:

- Motivação Individual: Quando os líderes expressam gratidão e reconhecimento aos membros da equipe, isso alimenta a motivação individual. Os funcionários se sentem valorizados e percebem que seu trabalho é significativo, impulsionando o compromisso com o trabalho e a busca pela excelência.

- Reforço de comportamentos positivos: O reconhecimento positivo reforça comportamentos positivos. Quando os funcionários são reconhecidos por suas realizações e esforços, eles têm mais probabilidade de continuar demonstrando esses comportamentos.

- Aumento da autoestima: A gratidão e o reconhecimento aumentam a confiança dos funcionários. Saber que seu trabalho é valorizado e que contribui para o sucesso da organização eleva a confiança em si mesmos e em suas habilidades.

- Fomento da lealdade e retenção de talentos: Funcionários que se sentem valorizados e reconhecidos têm maior probabilidade de permanecer na organização. Isso ajuda a aumentar a retenção de talentos e a lealdade dos colaboradores.

- Criação de um ambiente positivo: A gratidão e o reconhecimento contribuem para a criação de um ambiente de trabalho positivo. Os funcionários se sentem motivados e satisfeitos, melhorando o clima organizacional e reduzindo o estresse no trabalho.

- Aumento da produtividade: Funcionários motivados e valorizados são mais produtivos. Eles estão mais dispostos a investir tempo e esforço em seu trabalho, beneficiando a organização como um todo.
- Fortalecimento das relações interpessoais: O reconhecimento e a gratidão fortalecem as relações interpessoais. Eles promovem um ambiente de trabalho onde as pessoas se apoiam e colaboram, melhorando a coesão da equipe.
- Inspiração para o sucesso: A gratidão e o reconhecimento inspiram as equipes a alcançar o sucesso. Quando os funcionários sabem que seu trabalho é valorizado e contribui para os objetivos da organização, eles se sentem inspirados a continuar se esforçando.
- Fomento da inovação: Um ambiente onde o reconhecimento é uma prática comum é propício à inovação. Os funcionários se sentem à vontade para compartilhar ideias criativas e buscar novas soluções.
- Construção de uma cultura de excelência: A gratidão e o reconhecimento são elementos-chave na construção de uma cultura de excelência. Eles mostram que a organização valoriza o esforço e o compromisso com a qualidade.

A gratidão e o reconhecimento são componentes essenciais de uma cultura de trabalho saudável e produtiva. Eles fortalecem a motivação individual, criam um ambiente de trabalho positivo e inspiram as equipes a alcançar o sucesso. Como líder, praticar a gratidão e o reconhecimento é uma maneira poderosa de nutrir a motivação de sua equipe e construir uma cultura de valorização e sucesso.

# Plano Dinâmico para Cultivar Gratidão e Reconhecimento na Liderança

## Semana 1-2: Cultive a gratidão

- Reflexão diária: dedique cinco minutos diários para anotar três coisas pelas quais você é grato.
- Prática diária: compartilhe, pelo menos, uma gratidão com alguém próximo.

## Semana 3-4: Celebre pequenas conquistas

- Identificação de vitórias: liste pequenas conquistas recentes.
- Ritual de celebração: crie um simples ritual para celebrar essas vitórias, envolvendo sua equipe.

## Semana 5-6: Mantenha um diário de sucesso

- Configuração do diário: escolha um diário físico ou digital para registrar suas vitórias.
- Registro diário: escreva suas conquistas diárias e releia as entradas para motivação.

## Semana 7-8: Defina metas realistas

- Estabelecimento de metas: defina metas SMART (Específicas, Mensuráveis, Alcançáveis, Relevantes, Temporais).

- Acompanhamento: revise e ajuste regularmente suas metas.

## Semana 9-10: Aprenda com os fracassos

- Reflexão sobre fracassos: identifique um fracasso recente e anote as lições aprendidas.
- Transformação: aplique essas lições para melhorar o desempenho futuro.

## Semana 11-12: Envolva sua equipe

- Comunicação de vitórias: compartilhe conquistas com sua equipe e encoraje-a a fazer o mesmo.
- Sessões de reconhecimento: organize sessões regulares de reconhecimento em reuniões.

## Semana 13-14: Foco na jornada

- Reflexão sobre a jornada: anote o progresso e os aprendizados significativos.
- Valorização do processo: compartilhe a importância de valorizar cada etapa do processo com sua equipe.

## Semana 15-16: Mantenha uma visão positiva

- Cultive pensamentos positivos: pratique substituir pensamentos negativos por positivos.
- Inspiração coletiva: envolva a equipe em atividades que promovam uma mentalidade positiva.

## Semana 17-18: Cerque-se de apoio

- Identificação da rede de apoio: liste pessoas que oferecem apoio e agradeça a elas.
- Fortaleça conexões: agende encontros com mentores e participe de grupos de apoio.

## Semana 19-20: Seja compassivo consigo mesmo

- Pratique autocompaixão: dedique alguns minutos para refletir sobre suas realizações e trate-se com gentileza.
- Autocuidado regular: incorpore práticas de autocuidado em sua rotina e celebre seu crescimento pessoal.

## Resultado Esperado

Seguindo este plano dinâmico, você cultivará gratidão e reconhecimento de forma prática e eficaz, fortalecendo sua liderança e promovendo um ambiente de trabalho positivo e colaborativo. Cada passo, por menor que seja, representa progresso rumo aos seus objetivos.

Comemorar pequenas vitórias e aprender com os desafios são práticas essenciais para manter a motivação e uma perspectiva positiva. Reconhecer esses avanços contribui significativamente para o crescimento pessoal e profissional a longo prazo. Essas etapas fortalecerão sua motivação, melhorarão suas relações interpessoais e promoverão um ambiente de sucesso contínuo. Além disso, ao celebrar conquistas e refletir sobre os desafios superados, você incentivará um clima de apoio mútuo e inovação dentro da equipe.

# A Importância da Valorização e Reconhecimento

Líderes de valor entendem a importância de celebrar conquistas, tanto as suas quanto as de seus liderados. Reconhecer cada marco, por menor que seja, é essencial para alimentar a motivação e manter a positividade, fortalecendo o espírito coletivo. Este capítulo explora como a celebração de conquistas pode impulsionar o desempenho e criar um ambiente de trabalho harmonioso e produtivo.

Um dia, ao refletir sobre liderança, surgiu a afirmação: "Quando falo com chefes, sinto que eles são importantes, mas, quando falo com líderes, sinto que eu sou importante". Essa frase destaca a diferença entre "chefes" e "líderes". Chefes frequentemente se concentram em seu próprio status e autoridade, enquanto líderes se focam nas pessoas que lideram.

Chefes são associados a hierarquias e poder, muitas vezes, priorizando seu controle sobre a nutrição da equipe. Já líderes veem seus liderados como colaboradores essenciais, valorizando suas opiniões e contribuições, o que fortalece a dinâmica do grupo e melhora a tomada de decisões.

Líderes eficazes motivam, inspiram e capacitam suas equipes para alcançar objetivos comuns, criando um ambiente em que todos se sentem valorizados e importantes. Demonstrando empatia e compreensão, eles ouvem as preocupações e ideias de seus colaboradores, melhorando a moral e impulsionando a criatividade e inovação.

A diferença fundamental é que chefes podem fazer você se sentir subordinado, enquanto líderes fazem você se sentir valorizado. Liderar com eficácia não é apenas sobre exercer autoridade, mas sobre capacitar e valorizar os liderados. Celebrar conquistas e reconhecer contribuições são práticas essenciais para construir uma equipe motivada e eficaz.

"Na jornada da liderança, celebrar conquistas não é apenas simbólico, mas essencial para nosso crescimento. A força interior, vinculada à resiliência, à autenticidade e ao autoconhecimento, não só nos capacita a superar desafios, mas também inspira outros e nos impulsiona a liderar com coragem e confiança em face da mudança. É a chave para o crescimento pessoal e profissional duradouro."

Wanderléa Trajano

## Capítulo 10

# MODELAR COMPORTAMENTO POSITIVO

Seja um modelo de liderança de valor por meio de seu próprio comportamento e das suas atitudes no trabalho. Como líderes, somos mais do que simplesmente ocupantes de cargas de autoridade; somos guias, exemplos e influenciadores. Nossa liderança não é medida apenas por nossas palavras, mas, mais importante, por nossas ações e atitudes no ambiente de trabalho.

**No décimo capítulo de nossa jornada de liderança, mergulhamos profundamente no poderoso princípio de "Modelar Comportamento Positivo".**

Imagine-se como um farol de liderança, iluminando o caminho para sua equipe com seu próprio comportamento e suas atitudes no trabalho. Neste capítulo, entenderemos como ser um modelo de liderança de valor é uma das chaves para criar um ambiente de trabalho excepcional.

Visualize-se liderando não apenas com palavras, mas também com ações. Seu comportamento reflete os valores, a ética e a integridade que você preza. Você é uma fonte de inspiração, um exemplo vivo de como abraçar a resiliência, manter a positividade e promover o aprendizado contínuo.

Neste capítulo, exploraremos como suas ações falam mais alto do que suas palavras. A liderança de valor é algo que se manifesta em cada tarefa que você realiza, em cada interação que tem com sua equipe e em cada decisão que toma. Visualize como suas atitudes positivas e sua determinação constante criam um ambiente de trabalho onde todos são incentivados a dar o melhor de si.

No final deste capítulo, você compreenderá como modelar comportamento positivo não apenas eleva sua própria liderança, mas também influencia poderosamente o comportamento de sua equipe. Este é o capítulo da liderança exemplar, em que sua conduta define o tom para um ambiente de trabalho que reflete os valores mais elevados e inspira todos a seguir o mesmo padrão de excelência.

## A Força do Exemplo na Liderança

Como líderes, nossa influência vai além das palavras; ela se manifesta por meio de nossas ações e atitudes no ambiente de trabalho. Modelar comportamento positivo é essencial para uma liderança de valor e impacta diretamente a eficácia e a cultura da organização.

Ser um modelo de comportamento positivo significa viver os valores e princípios que defendemos, inspirando nossa equipe por meio de nosso exemplo. Quando agimos com integridade, empatia e respeito, não só estabelecemos padrões elevados para a equipe, mas também construímos um alicerce de confiança essencial para relações de trabalho saudáveis.

Essa prática também facilita a resolução de conflitos, pois enfrentamos desafios com calma e uma abordagem construtiva, demonstrando à equipe como lidar eficazmente com situações difíceis. Além disso, um ambiente de trabalho saudável e produtivo é fomentado por atitudes positivas, que promovem colaboração, criatividade e satisfação no trabalho.

Modelar comportamento positivo é benéfico não apenas para a equipe, mas também para nosso próprio crescimento pessoal e profissional. Incorporar valores importantes em nossa vida diária ajuda-nos a crescer e a desenvolver habilidades essenciais de liderança.

Líderes de valor deixam um impacto duradouro, sendo lembrados tanto por suas realizações quanto pelo exemplo que definem. O comportamento positivo que modelamos pode influenciar positivamente não apenas a equipe atual, mas também as futuras gerações de líderes. Portanto, ao agir como modelos de comportamento positivo, contribuímos para um ambiente de trabalho inspirador e construímos uma base sólida para um futuro de liderança eficaz e significativo.

## O Poder das Ações na Liderança de Valor

Na liderança de valor, suas ações falam mais alto do que suas palavras, e essa manifestação ocorre em cada tarefa realizada, interação com a equipe e decisão tomada. Aqui está o porquê de isso ser tão fundamental:

Autenticidade: As ações refletem quem você realmente é como líder. Quando suas ações estão alinhadas com seus valores e princípios, você demonstra segurança, essencial para construir confiança com sua equipe.

Exemplo: Líderes são modelos para suas equipes. O comportamento que você exibe estabelece o padrão para o comportamento esperado dos outros. Se você deseja que sua equipe seja ética, motivada e comprometida, deve demonstrar essas qualidades em suas ações.

Influência: Suas ações têm um impacto profundo nas pessoas ao seu redor. Quando você age de maneira positiva, inspira e motiva os outros a fazerem o mesmo. Sua influência é mais poderosa quando você lidera com um exemplo positivo.

Credibilidade: Ações consistentes com suas palavras aumentam sua credibilidade como líder. As pessoas confiam em líderes que fazem o que dizem e demonstram coerência entre palavras e ações.

Efeito duradouro: As palavras podem ser esquecidas, mas as ações deixam um impacto duradouro. Os membros da equipe lembram-se das ações de seus líderes muito mais do que das palavras. Essas ações podem moldar a cultura e o ambiente de trabalho a longo prazo.

Resolução de problemas: Uma liderança de valor envolve a resolução eficaz de problemas e desafios. Suas ações na tomada de decisões e na abordagem de situações difíceis demonstram sua capacidade de liderar em momentos críticos.

Mobilização de recursos: Os líderes precisam alocar recursos, definir prioridades e direcionar esforços. Suas ações práticas nesse aspecto têm um impacto direto na eficácia da equipe e da organização.

Adaptação: A liderança envolve adaptação às mudanças e ao ambiente em constante evolução. Suas ações ao lidar com desafios e incertezas comunicam sua capacidade de se ajustar e liderar com resiliência.

A liderança de valor manifesta-se não apenas por meio de palavras, mas, principalmente, por meio de ações consistentes e alinhadas com valores e princípios. Suas ações são a expressão tangível de sua liderança e têm um impacto duradouro na cultura, na confiança e no sucesso de sua equipe e organização. Portanto, é essencial que suas ações estejam sempre em harmonia com os princípios e valores que você busca promover como líder.

## Planejamento Estratégico: Modelar Comportamento Positivo na Liderança

Objetivo: Elevar sua própria liderança e influenciar poderosamente o comportamento de sua equipe por meio da modelagem de comportamento positivo.

### Etapas do Planejamento Estratégico

1. Inspiração

Objetivo: Inspirar os membros da equipe a adotarem comportamentos positivos.

Semana 1-2: Demonstre comportamento positivo

- Dia 1-2: Liste comportamentos positivos que você deseja incorporar em seu estilo de liderança.
- Dia 3-7: Pratique ativamente esses comportamentos e observe a reação da equipe.

Semana 3-4: Compartilhe exemplos de comportamento positivo

- Dia 1-2: Realize uma reunião com a equipe para discutir a importância de comportamentos positivos.
- Dia 3-7: Destaque exemplos específicos de comportamentos positivos dentro da equipe.

2. Construção de confiança

Objetivo: Fortalecer a confiança da equipe na liderança.

Semana 5-6: Pratique a integridade e o respeito

- Dia 1-2: Reflita sobre situações em que pode demonstrar mais integridade e respeito.
- Dia 3-7: Aplique essas reflexões em interações diárias e compromissos.

Semana 7-8: Aja com empatia

- Dia 1-2: Escute ativamente as preocupações e ideias da equipe.
- Dia 3-7: Mostre empatia em todas as comunicações e ações.

3. Definição de padrões

Objetivo: Estabelecer padrões elevados para a equipe seguir.

Semana 9-10: Modelagem de ética e dedicação

- Dia 1-2: Defina e compartilhe os valores éticos e de dedicação que você espera da equipe.
- Dia 3-7: Demonstre esses valores em seu trabalho diário.

Semana 11-12: Promova a colaboração

- Dia 1-2: Organize atividades de *team building* para fomentar a colaboração.

- Dia 3-7: Participe ativamente dessas atividades e incentive a participação de todos.

4. Melhoria da comunicação

Objetivo: Promover uma comunicação mais eficaz e aberta.

Semana 13-14: Pratique a comunicação positiva

- Dia 1-2: Revise suas técnicas de comunicação para garantir que são positivas e construtivas.
- Dia 3-7: Encoraje *feedback* aberto e honesto em reuniões de equipe.

Semana 15-16: Facilite soluções construtivas

- Dia 1-2: Crie um espaço seguro para discussões construtivas.
- Dia 3-7: Mediei conversas difíceis e promova a busca por soluções.

5. Criação de um ambiente de trabalho saudável

Objetivo: Contribuir para um ambiente de trabalho mais saudável e produtivo.

Semana 17-18: Promova o bem-estar no trabalho

- Dia 1-2: Identifique maneiras de melhorar o bem-estar no ambiente de trabalho.
- Dia 3-7: Implemente iniciativas como pausas regulares, atividades de relaxamento e reconhecimento de esforços.

Semana 19-20: Engaje e motive a equipe

- Dia 1-2: Planeje atividades que promovam o engajamento e a motivação da equipe.
- Dia 3-7: Realize essas atividades e observe os impactos positivos no moral da equipe.

6. Avaliação e ajustes

Objetivo: Monitorar e ajustar a estratégia conforme necessário para garantir eficácia.

Semana 21-22: Revisão de progresso

- Dia 1-2: Reúna *feedback* da equipe sobre as mudanças observadas.

- Dia 3-7: Avalie os resultados e faça ajustes nas práticas conforme necessário.

Semana 23-24: Planejamento para o futuro

- Dia 1-2: Revise os objetivos de longo prazo para o comportamento positivo.

- Dia 3-7: Atualize o plano estratégico para continuar promovendo um ambiente de trabalho positivo.

Implementando este planejamento estratégico, você poderá elevar sua própria liderança e influenciar significativamente o comportamento de sua equipe, criando uma cultura organizacional positiva e produtiva.

Ser um líder de valor transcende o simples ato de ocupar uma posição de autoridade. Nossa verdadeira influência se manifesta nas ações e atitudes que exibimos diariamente no ambiente de trabalho. Ao nos tornarmos modelos de comportamento positivo, inspiramos nossa equipe a adotar os mesmos padrões elevados de ética, respeito e integridade.

Cada decisão tomada, cada interação realizada e cada desafio enfrentado são oportunidades de demonstrar liderança autêntica e exemplar. Quando nossos comportamentos refletem nossos valores e princípios, construímos um ambiente de trabalho saudável e produtivo, onde a confiança, a colaboração e o respeito mútuo prosperam.

Liderar pelo exemplo não só fortalece nossa credibilidade e autoridade, mas também cria um legado duradouro de excelência e integridade. Portanto, ao adotar uma postura de liderança baseada em ações positivas, estamos não apenas elevando nossa própria capacidade de liderar, mas também capacitando nossa equipe a alcançar seu pleno potencial. Este é o verdadeiro impacto de modelar comportamento positivo – transformar a cultura organizacional e guiar nossa equipe rumo ao sucesso coletivo.

"Modelar comportamento positivo não apenas eleva sua própria liderança, mas também influencia poderosamente o comportamento de sua equipe, criando um ambiente de confiança, inspiração e produtividade. Suas ações são o reflexo tangível de sua liderança, moldando a cultura e o sucesso da organização."

Wanderléa Trajano

# Capítulo 11

# MENTALIDADE EMPREENDEDORA – CULTIVAR A CRIATIVIDADE

Abraçar uma mentalidade empreendedora, estando disposta a assumir riscos calculados em busca de oportunidades de crescimento, abre portas para inovações e novas soluções. Uma iniciativa empreendedora não é restrita apenas a empresários; é uma mentalidade que pode ser aplicada por qualquer líder ou indivíduo em busca de crescimento pessoal e profissional. Ao estar disposto a assumir riscos calculados, abraçar a criatividade e buscar oportunidades, você se coloca no caminho da realização de grandes conquistas e do desenvolvimento contínuo.

**No décimo primeiro capítulo de nossa jornada de liderança, exploramos a fascinante décima etapa: "Mentalidade Empreendedora – Cultivar a Criatividade".** Com isso, concluímos o método PPM – Promoção do Potencial Máximo, destinado ao líder de valor que busca ajustar sua rota e promover seu desenvolvimento pessoal e profissional, aprimorando seu modelo de liderança e a maneira como é liderado.

Em tempos de mudanças rápidas e contínuas, a mentalidade empreendedora surge como uma qualidade inestimável para líderes de todos os setores. Neste capítulo, exploramos a décima etapa do método PPM: "Mentalidade Empreendedora – Cultivar a Criatividade".

Aqui, concluímos o método PPM – Promoção do Potencial Máximo, oferecendo um guia para líderes de valor que desejam ajustar sua rota e promover um desenvolvimento pessoal e profissional robusto.

Aqueles que cultivam uma mentalidade empreendedora veem desafios como oportunidades e mudanças como terreno fértil para a criatividade. Estão ansiosos para explorar novos caminhos, experimentar abordagens inovadoras e aprender com os fracassos. A criatividade é uma aliada constante nessa jornada, permitindo que ideias frescas e soluções inovadoras prosperem.

Imagine-se abraçando uma mentalidade empreendedora, disposto(a) a assumir riscos calculados em busca de oportunidades de crescimento. Neste capítulo, aprofundaremos na arte da mente empreendedora, mostrando como essa mentalidade é essencial para a liderança de valor. Visualize-se como um visionário, sempre em busca de novas maneiras de inovar, melhorar e expandir. Não apenas siga o caminho conhecido, mas crie novos caminhos que elevem sua equipe e organização a novas alturas.

Para desenvolver essa mentalidade, é fundamental cultivar tanto a criatividade quanto a coragem. A criatividade alimenta a inovação, abrindo espaço para o pensamento divergente e explorando diferentes perspectivas e abordagens para os desafios. Encarar experimentação e falhas como oportunidades de aprendizado fortalece nossa capacidade criativa.

Para abraçar a liderança empreendedora e conduzir sua equipe com sucesso para novos horizontes de crescimento, é essencial cultivar tanto as ferramentas quanto a mentalidade adequada. Isso inclui adotar uma mentalidade de crescimento, em que os desafios são vistos como oportunidades de aprendizado e crescimento, como exemplificado por um líder que busca aprender com os erros e buscar constantemente maneiras de melhorar. Além disso, uma visão inspiradora do futuro da equipe e da organização pode servir como uma ferramenta poderosa para alinhar e motivar os membros da equipe na busca de objetivos desafiadores.

Flexibilidade e adaptabilidade são outras ferramentas importantes, permitindo que líderes e equipes se ajustem rapidamente às mudanças do mercado e capitalizem as oportunidades que surgem. Inovação e criatividade também são essenciais, com líderes incentivando a geração de novas ideias e abordagens para resolver problemas e impulsionar o crescimento. Empoderar a equipe, dando-lhe autonomia e responsabilidade para agir de forma empreendedora, é outra ferramenta fundamental, como visto em empresas que incentivam os funcionários a assumirem iniciativas e liderarem projetos.

O aprendizado contínuo também é uma ferramenta essencial, com líderes buscando constantemente desenvolver suas habilidades e seus conhecimentos por meio de cursos, treinamentos e mentoria. Por fim, a resiliência e a persistência são ferramentas indispensáveis, permitindo que líderes e equipes superem obstáculos e adversidades com determinação e foco no objetivo final. Ao cultivar essas ferramentas e mentalidades, os líderes estarão mais bem-preparados para enfrentar os desafios do ambiente de negócios e conduzir suas equipes com sucesso para o crescimento e a inovação.

## Coragem e Criatividade na Liderança Empreendedora

Junto da criatividade, a coragem é crucial. Ela nos impulsiona a sair da zona de conforto e enfrentar desafios com determinação e resiliência. Cultivar a coragem envolve reconhecer e aceitar o medo, mas não permitir que ele nos paralise. Usamos o medo como combustível para agir de forma decisiva e persistir diante das adversidades.

Identificar oportunidades em meio à incerteza é uma habilidade essencial. Isso requer flexibilidade mental e a capacidade de pensar estrategicamente em situações dinâmicas. Em vez de serem intimidados pela incerteza, os empreendedores a veem como um terreno fértil para a inovação e o crescimento, sempre atentos a sinais e tendências.

Liderar uma equipe na direção de uma cultura de inovação requer inspiração e influência. Líderes empreendedores são visionários que compartilham sua visão de futuro com suas equipes, inspirando-os a abraçar a mudança e buscar novas formas de fazer as coisas. Criam um ambiente onde a experimentação é incentivada, os erros são vistos como aprendizado e a colaboração é valorizada.

## Diferença Entre um Líder com e sem Mentalidade Empreendedora: Forças e Fraquezas

### Líder sem mentalidade empreendedora

### Forças:

1. Estabilidade e consistência: tende a manter um ambiente de trabalho estável, com processos e procedimentos claros e bem-estabelecidos.
2. Foco em resultados: frequentemente orientado para metas e resultados a curto prazo, assegurando que os objetivos imediatos sejam alcançados.
3. Gestão de riscos: geralmente mais avesso ao risco, o que pode proteger a organização de empreendimentos arriscados e potencialmente desastrosos.

4. Eficiência operacional: ênfase em otimização e eficiência nos processos existentes, mantendo o controle e reduzindo desperdícios.

## Fraquezas:

5. Resistência à mudança: pode ser relutante em adotar novas ideias ou tecnologias, levando a uma possível estagnação.
6. Falta de inovação: a mentalidade conservadora pode limitar a criatividade e a inovação dentro da equipe.
7. Rigidez: pode tornar-se inflexível em face de novos desafios, incapaz de se adaptar rapidamente às mudanças do mercado.
8. Desmotivação da equipe: falta de estímulo para o pensamento inovador e criativo pode levar à desmotivação dos membros da equipe que buscam um ambiente dinâmico.

## Líder com mentalidade empreendedora

## Forças:

1. Inovação e criatividade: constantemente busca novas ideias e soluções inovadoras, fomentando um ambiente criativo.
2. Adaptação às mudanças: rápida capacidade de adaptação a novas situações e tendências do mercado, mantendo a organização competitiva.

3. Motivação da equipe: inspira e motiva a equipe a pensar de forma criativa e a assumir riscos calculados, promovendo um ambiente de crescimento e aprendizado contínuo.
4. Visão de longo prazo: foco em estratégias de longo prazo, visando ao crescimento sustentável e à expansão do negócio.

## Fraquezas:

5. Gestão de riscos: tendência a assumir riscos que podem, às vezes, resultar em falhas ou perdas significativas.
6. Desorganização: pode haver uma falta de estrutura e processos claros, levando a uma execução desorganizada de projetos.
7. Inconstância: foco excessivo em novas ideias pode desviar a atenção das operações diárias e dos objetivos a curto prazo.
8. Sobrecarga da equipe: a constante busca por inovação e crescimento pode levar à sobrecarga e ao estresse na equipe, se não for bem gerenciada.

## Parecer final

A transição de um líder sem mentalidade empreendedora para um com essa mentalidade envolve desenvolver a coragem para assumir riscos calculados, a capacidade de inspirar e motivar a equipe com uma visão inovadora e a flexibilidade para se adaptar às mudanças. Ao equilibrar essas novas habilidades com uma gestão eficaz dos riscos e uma organização estruturada, um líder pode promover um ambiente de trabalho mais dinâmico e próspero, capaz de alcançar o sucesso tanto a curto quanto a longo prazo.

## Plano de Ação para Desenvolver uma Mentalidade Empreendedora em Líderes

1. Autoavaliação e reflexão

- Identificar limitações: faça uma autoavaliação crítica para identificar áreas em que a inovação e a criatividade são limitadas.
- Reflexão sobre metas: defina metas claras para desenvolver uma mentalidade empreendedora.

2. Educação e aprendizado contínuo

- Cursos e *workshops*: inscreva-se em cursos de empreendedorismo, inovação e gestão de riscos.
- Leitura de livros e artigos: leia livros e artigos sobre mentalidade empreendedora e histórias de líderes empreendedores.

3. Networking e mentoria

- Buscar mentores: encontre mentores com experiência em empreendedorismo que possam oferecer orientação e apoio.
- Participar de comunidades: junte-se a redes e comunidades de empreendedores para trocar ideias e aprender com experiências alheias.

4. Cultivar a criatividade

- Sessões de *brainstorming*: promova sessões regulares de *brainstorming* com a equipe para estimular a geração de novas ideias.
- Ambiente de trabalho criativo: crie um ambiente de trabalho que incentive a criatividade e a inovação, com espaços dedicados para discussões informais e trocas de ideias.

5. Desenvolver coragem e gestão de riscos

- Assumir pequenos riscos: comece a assumir pequenos riscos em projetos e decisões para se acostumar com a incerteza.

- Análise de riscos: aprenda e pratique técnicas de análise de riscos para tomar decisões mais informadas.

6. Experimentação e aprendizado com os erros

- Pilotos e testes: implementar pilotos e testes de novas ideias em pequena escala para avaliar viabilidade antes de uma implementação completa.

- *Feedback* e ajustes: recolha *feedback* continuamente e esteja disposto a ajustar abordagens com base nos resultados.

7. Visão de longo prazo e estratégia

- Planejamento estratégico: desenvolva uma visão clara e de longo prazo para a organização, estabelecendo objetivos ambiciosos mas alcançáveis.

- Foco na inovação: inclua a inovação como um componente central do planejamento estratégico.

8. Comunicação e inspiração

- Compartilhar visão: comunicar claramente a visão empreendedora à equipe, inspirando-a a abraçar a mudança e a inovação.

- Reconhecimento de esforços: reconhecer e celebrar os esforços e as conquistas da equipe em relação à inovação e criatividade.

9. Desenvolvimento de habilidades empreendedoras

- Capacitação da equipe: promover treinamentos e capacitações para a equipe desenvolver habilidades empreendedoras.

- Atribuição de projetos desafiadores: designar projetos desafiadores que incentivem a equipe a sair da zona de conforto e a explorar novas abordagens.

10. Avaliação e ajuste do progresso

- Revisão regular: realizar revisões regulares do progresso em direção ao desenvolvimento de uma mentalidade empreendedora.

- Ajustes necessários: estar disposto a fazer ajustes nas estratégias e abordagens com base nos aprendizados e *feedbacks* recebidos.

Ao seguir este plano de ação, um líder pode desenvolver uma mentalidade empreendedora, impulsionando a inovação, a criatividade e a resiliência dentro da organização. Essa transformação é um processo contínuo de aprendizado e adaptação, que fortalece tanto o líder quanto a equipe em direção a um futuro mais dinâmico e bem-sucedido.

## Estudo de Caso: A Transformação de Satya Nadella na Microsoft

Quando Satya Nadella assumiu o cargo de CEO da Microsoft em fevereiro de 2014, a empresa enfrentava desafios significativos. A cultura da Microsoft era vista como hierárquica e conservadora, com pouca ênfase em inovação e colaboração. A empresa estava perdendo terreno para concorrentes como Apple e Google em áreas críticas como mobilidade e computação em nuvem.

### Desafios:

1. Cultura hierárquica e conservadora: a Microsoft tinha uma cultura que desencorajava a inovação e a tomada de riscos.

2. Perda de competitividade: a empresa estava ficando para trás em setores emergentes e essenciais, como a computação em nuvem.

3. Falta de colaboração: a estrutura organizacional era fragmentada, com equipes trabalhando de forma isolada.

Ação: Satya Nadella iniciou uma transformação cultural profunda, focando em desenvolver uma mentalidade empreendedora em toda a organização. Aqui estão os passos que ele tomou:

1. Autoavaliação e reflexão:

- Reconhecimento das limitações: Nadella reconheceu que a cultura existente da Microsoft era um obstáculo à inovação e ao crescimento.

- Estabelecimento de metas claras: ele definiu uma visão clara para transformar a Microsoft em uma líder na computação em nuvem e inteligência artificial.

2. Educação e aprendizado contínuo:

- Promovendo o aprendizado contínuo: Nadella incentivou uma mentalidade de *"growth mindset"* (mentalidade de crescimento) em toda a empresa, inspirado no trabalho da psicóloga Carol Dweck.

- Capacitação de funcionários: a Microsoft começou a investir pesadamente em treinamento e desenvolvimento para seus funcionários.

3. Cultivar a criatividade:

- Fomento da inovação: ele promoveu a experimentação e a inovação, incentivando os funcionários a tentarem novas abordagens e aprenderem com os erros.

- Ambiente de trabalho criativo: a empresa passou a criar espaços colaborativos para fomentar a troca de ideias e a inovação.

4. Desenvolver coragem e gestão de riscos:

- Assunção de riscos calculados: sob a liderança de Nadella, a Microsoft fez grandes apostas em áreas emergentes, como a nuvem e a inteligência artificial, lançando produtos como o Azure e adquirindo empresas estratégicas como LinkedIn e GitHub.

- Cultura de resiliência: Nadella encorajou uma cultura em que o fracasso era visto como uma oportunidade de aprendizado, não uma falha permanente.

5. Visão de longo prazo e estratégia:

- Foco na computação em nuvem: Nadella redefiniu a estratégia da Microsoft, colocando a computação em nuvem e a IA no centro de suas operações.
- Planejamento estratégico: ele implementou um planejamento estratégico que incluía metas ambiciosas, mas realistas, para posicionar a Microsoft como líder em inovação tecnológica.

## Resultados:

- Transformação cultural: a Microsoft se transformou em uma empresa mais colaborativa e inovadora.
- Crescimento exponencial: sob a liderança de Nadella, a capitalização de mercado da Microsoft cresceu de cerca de US$ 300 bilhões, em 2014, para mais de US$ 1,5 trilhão, em 2020.
- Liderança em inovação: a Microsoft se tornou líder em computação em nuvem com o Azure, superando desafios e competindo diretamente com a Amazon Web Services (AWS).

O caso de Satya Nadella na Microsoft é um exemplo claro de como um líder pode transformar uma organização ao adotar uma mentalidade empreendedora. Ao promover uma cultura de aprendizado contínuo, inovação e coragem para assumir riscos, Nadella não apenas revitalizou a Microsoft, mas também a posicionou como uma das empresas mais inovadoras e bem-sucedidas do mundo. Este estudo de caso destaca a importância de líderes adaptáveis e visionários na criação de um ambiente que estimula o crescimento e a inovação sustentável.

## Resumo do Estudo de Caso

- Sob a liderança de Satya Nadella, a Microsoft passou por uma transformação significativa, mudando de uma cultura corporativa competitiva e rígida para uma organização que valoriza o aprendizado contínuo e a colaboração. Quando Nadella assumiu como CEO em 2014, ele enfrentou desafios substanciais, incluindo a falha na aquisição da Nokia e a recepção negativa do Xbox One. Para superar esses obstáculos, Nadella implementou uma "mentalidade de crescimento" (*growth mindset*) na empresa.

- Nadella incentivou os funcionários a se tornarem "aprendedores", em vez de "sabe-tudo", promovendo a colaboração e a ajuda mútua entre equipes. A Microsoft introduziu um novo *framework* de gestão de desempenho que avalia os funcionários com base no impacto individual, na contribuição para o sucesso dos outros e na capacidade de aproveitar o trabalho alheio.

- Uma das mudanças mais significativas foi a eliminação do "*stack ranking*", um sistema de avaliação que fomentava a competição interna. Em vez disso, a Microsoft começou a valorizar a colaboração, incentivando os funcionários a aprenderem uns com os outros e a compartilharem suas ideias e soluções. Essa mudança cultural resultou em um ambiente de trabalho mais inovador e produtivo, permitindo à Microsoft se reinventar e se estabelecer como líder em várias áreas tecnológicas.

- Este estudo de caso demonstra como a adoção de uma mentalidade empreendedora e de crescimento pode transformar uma organização, promovendo a inovação, a colaboração e o desenvolvimento contínuo. As iniciativas de Nadella, como a promoção de uma cultura de aprendizado e a valorização da colaboração, servem como exemplo de como líderes podem efetuar mudanças profundas e positivas em suas organizações.

## REFERÊNCIAS

BUSINESS INSIDER. **How Satya Nadella overhauled Microsoft's cutthroat culture and turned it into a trillion-dollar 'growth mindset' company**. Disponível em: https://www.businessinsider.com. Acesso em: 9 ago. 2024.

HARVARD BUSINESS REVIEW. **Microsoft Case Study on Growth Mindset**. Disponível em: https://www.hbr.org. Acesso em: 9 ago. 2024.

"Assuma riscos calculados, abrace a criatividade e busque oportunidades – assim nasce a mentalidade empreendedora, chave para o crescimento pessoal e profissional.

Enxergue desafios como trampolins para o sucesso, e a incerteza como solo fértil para a inovação. Seja um visionário, liderando sua equipe por novos caminhos rumo ao sucesso."

Wanderléa Trajano

# PARECER FINAL

Ao longo deste livro, mergulhamos nas profundezas do **Método PPM** de Liderança de Valor, explorando cada capítulo como uma jornada de autodescoberta e crescimento. Desde a introdução ao método até a exploração da mentalidade empreendedora e o cultivo da criatividade, cada capítulo ofereceu *insights* valiosos e ferramentas práticas para alcançar o máximo potencial como líder de valor.

Começamos com o autoconhecimento, mergulhando nas camadas mais profundas de nossa identidade e nossas habilidades. Em seguida, exploramos a importância dos valores pessoais na definição de nossa visão e direção como líderes. Atravessamos desafios e objetivos, aprendendo a abraçar a aprendizagem contínua e a utilizar o *feedback* como uma ferramenta para o crescimento.

Compartilhar conhecimento e celebrar conquistas foram etapas cruciais, fortalecendo não apenas nossa equipe, mas também nossa capacidade de liderança. Enfrentamos momentos de autoavaliação crítica, modelando comportamentos positivos e cultivando uma mentalidade empreendedora que nos permitiu inovar e prosperar em face da adversidade.

Ao chegarmos ao fim desta jornada, podemos afirmar com confiança que cada desafio superado nos trouxe mais perto de nosso potencial máximo como líderes de valor. Tornamo-nos mais resilientes, mais sábios e mais comprometidos com o nosso propósito e visão.

Que este livro seja não apenas um guia, mas um companheiro constante em nossa jornada de liderança, lembrando-nos sempre do poder que reside dentro de nós para moldar o futuro e alcançar grandes feitos. Que cada página seja um lembrete de que o caminho para o sucesso está pavimentado com autenticidade, determinação e um compromisso inabalável com a excelência. Que continuemos a crescer, a aprender e a liderar com valor, inspirando aqueles ao nosso redor a fazerem o mesmo. Esta é a essência do **Método PPM** de Liderança de Valor: alcançar o máximo potencial, não apenas como líderes, mas como seres humanos.

*Wanderléa Trajano*

Nas profundezas do Método PPM, mergulhamos,
Jornada de autodescoberta, crescimento nos guiamos.
Do autoconhecimento ao cultivo da criatividade,
Cada capítulo revela nossa verdadeira identidade.
Valores pessoais, bússola de nossa direção,
Desafios superados, aprendizado em ação.
Compartilhando conquistas, celebrando vitórias,
Fortalecendo laços, escrevendo novas histórias.
Autoavaliação crítica, olhar para o interior,
Modelando comportamento, construindo com fervor.
Mentalidade empreendedora, visão de além do horizonte,
Inovando e prosperando, cada passo uma fonte.
Ao fim da jornada, olhamos com gratidão,
Cada desafio vencido, cada lição.
Este livro é mais que um guia, é um chamado,
Para alcançarmos o máximo, para além do esperado.
Que cada página seja um lembrete, uma inspiração,
Para liderarmos com valor, com determinação.
Assim seguimos, crescendo, aprendendo a cada passo,
Moldando o futuro, no presente, deixando nosso traço.

Wanderléa Trajano